GALILEO

SARA CUADRADO

Colección
Grandes Biografías

© EDIMAT LIBROS, S.A.
C/ Primavera, 35 Pol. Ind. El Malvar
Arganda del Rey - 28500 (Madrid) España
www.edimat.es

Título: *Galileo*
Autor: *Sara Cuadrado*
Diseño de cubierta: *Juan Manuel Domínguez*

ISBN: 84-8403-855-6
Depósito legal: M-29687-2003

Imprime: *LAVEL Industria Gráfica*

IMPRESO EN ESPAÑA - PRINTED IN SPAIN

INTRODUCCIÓN

Hijos del Renacimiento

Con el Renacimiento italiano el mundo dejó de mirar hacia atrás, debido a que unos grandes hombres y mujeres dieron un salto adelante en todos los campos de la ciencia y el arte al recuperar el pasado clásico de Grecia y Roma. Con esta liberación de lo medieval, el pensamiento se proyectó "hacia el infinito" porque todo se hallaba por descubrir e inventar.

La Iglesia había sido una de las impulsoras de este avance, al financiarlo. No obstante, con la rebelión de los protestantes, en las figuras de Lutero y Calvino, muchos de los altos dignatarios eclesiásticos consideraron que se había concedido una excesiva libertad al pensamiento hasta provocar el "libertinaje" de las ideas.

Con el Concilio de Trento se intentó poner coto a tanto desenfreno, incrementando el poder sancionador del Papa y de los obispos. Y esa Inquisición que estaba funcionando en España se extendió a toda Europa. Algunos países la estaban aplicando, sin que se libraran los que ya se encontraban bajo el control de los protestantes.

Sin embargo, la semilla de unos conocimientos esparcidos por tantos "librepensadores" germinó en distintos terrenos. Especialmente en la Florencia de los Médicis. Una familia de mecenas que pueden considerarse los máximos responsables de que surgiera el Renacimiento.

Los hijos de la corriente liberadora estaban naciendo, acaso en el momento que se empezaban a cerrar las puertas para que no se produjeran lo que podríamos llamar "peligrosas novedades".

5

Esos patrones que marcan los especialistas

La mayoría de los especialistas en la vida de Galileo a los que hemos estudiado, junto a nuestras propias investigaciones, vienen a trazar un patrón de trabajo: primero, relaciones de Galileo con el Renacimiento, dentro del terreno de los conocimientos técnico-científicos del siglo XVI; segundo, originalidad de este creador frente a Aristóteles y los demás sabios antiguos; tercero, alcance de la revolución provocada por el gran hombre a través de sus experimentos; cuarto, su batalla para defender las ideas de Copérnico, y quinto, existencia o no de golpes intuitivos o mágicos en el pensamiento y actitudes del personaje estudiado.

Nosotros vamos a caminar por senderos muy distintos. Como estamos más interesados en el ser humano, describiremos sus peripecias como tal y, lógicamente, iremos resaltando sus conquistas, sin olvidarnos de una sola.

Tampoco dejaremos a un lado las debilidades: egoísmos, ambiciones, cobardías, miedos, etc. Galileo no fue un superhombre a un nivel físico; pero sí en el plano mental. Para que su cerebro alcanzase los niveles de la genialidad necesitó verse rodeado de unos condicionantes emotivos, un ambiente propicio y unos profesores idóneos.

Las posibilidades se encuentran ahí

Al analizar la vida de unos genios, nunca se advierte que estuvieran formados de una pasta especial en sus comienzos. Es al ir observando su comportamiento infantil y juvenil, cuando se empieza a comprobar el chispazo que les permitió ser distintos. Por lo general, es un gran poder de observación y de retentiva. Difícilmente se distraen al encontrar el objetivo que les interesa.

Entonces, se detienen todo el tiempo que haga falta, observan, preguntan y analizan. Como las respuestas provienen de alguien muy apto, que ellos han sabido localizar, con las mismas van cultivando sus propios conocimientos, hasta encontrar senderos jamás transitados por nadie. Los recorrerán audazmente y, lo ideal, permitirán que otros los continúen hasta convertirlos en autopistas o en espacios de dimensiones tan infinitas como el universo.

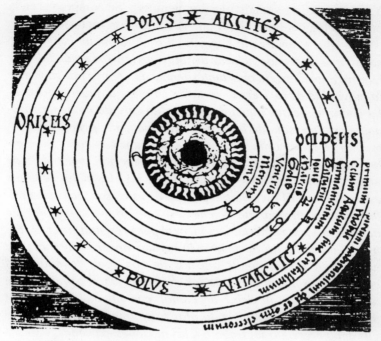

El Universo de Tolomeo según lo aceptaba la Iglesia de aquel tiempo: la Tierra siempre en el centro.

Porque la "verdad" nos rodea, está ahi. Y no nos referimos a una verdad metafísica, ni siquiera religiosa. Es lo oculto, lo que nadie antes de nosotros ha sabido ver. Conviene que estemos libres de prejuicios, poseamos los conocimientos adecuados y demos comienzo a nuestra investigación con el propósito de no retroceder jamás... ¿Cualquiera puede ser un ser humano genial?

¡Claro que sí!

La facilidad narrativa de Galileo

Como vamos a demostrar en su momento, Galileo puede ser considerado uno de los mejores escritores de su época.

Y, sobre todo, un gran divulgador científico. Se comprueba en la presentación del libro por el que le condenó la Inquisición:

Fue promulgado hace un años en Roma un beneficioso edicto que, deseando aclarar distintos peligrosos escándalos de nuestra época, exigía oportuno silencio a la teoría pitagórica de la movilidad de la Tierra. No tardó en oírse a quien proclamaba audazmente que aquel decreto había surgido no de un razonable estudio, sino de la pasión excesivamente poco documentada, y se escucharon lamentos de que investigadores inexpertos en los fenómenos astronómicos no deberían, por medio de unas prohibiciones inmediatas, eliminar las alas de los cerebros especulativos. Al escuchar el peligro de estos sollozos así manifestados fui incapaz de detener mi celo. Buen conocedor de aquella prudente determinación, opté por presentarme en el teatro del mundo para demostrar la verdad sincera. Entonces me hallaba en Roma, donde además de conseguir la audencia, acompañada del aplauso de los más importantes prelados de aquella corte y sin dejar de contar con alguna información anterior, surgió aquel decreto. Por tanto, me he convencido de que debo presentar mi trabajo a las naciones extranjeras que de este tema se sabe tanto en Italia, y particularmente en Roma, cuanto pueda haber imaginado nunca la diligencia ultramontana. Así, reuniendo cada una de las especulaciones propiamente concernientes al sistema copernicano, haré saber que el conocimiento de todas ellas fue anterior a la censura romana, y que de este clima surgen no sólo los dogmas para la salud del alma, sino también los ingeniosos hallazgos para delicia de las mentes...

Cuando Galileo escribió este texto se hallaba convencido de que la Iglesia reconocería la independencia de la ciencia... ¡Qué equivocación la suya! Casi le costaría la vida.

Pero esto es algo que contaremos en su debido momento. Ahora sólo nos queda esperar que hayamos sabido despertarle a usted el suficiente interés para que se adentre en una biografía apasionante.

CAPÍTULO I

LA SUMISIÓN AL PADRE

Un hogar falto de armonía

Galileo Galilei nació el 15 de febrero de 1564 en Pisa. La ciudad prosperaba bajo el gobierno de Cosme de Médicis, duque de Florencia, debido a la eliminación de los canales pestilentes y a las mejoras en la navegación fluvial. Allí se contaba con el primer jardín botánico de Europa y con una gran universidad, a la que acudían todos los jóvenes ricos de la Toscana.

Singularmente, poca atención se prestaba a la famosa Torre Inclinada, acaso porque preocupaban otras cuestiones más relacionadas con el arte y el pensamiento. Dura época aquella para todos los italianos, con un continente dividido en infinidad de reinos, repúblicas, ducados y los dominios pontificios. Un terreno bien abonado para las constantes intervenciones de los dos grandes imperios: el español y el francés.

Es posible que una de las barriadas más humildes de Pisa fuese la de San Francesco. Allí residían los artesanos y los comerciantes, siempre a la espera de ser requeridos por los nobles, los mandatarios de la Iglesia y los ricos burgueses. Cierto que sólo se aventuraban por aquellas callejas laberínticas los siervos de los poderosos.

Una de las callejas se llamaba Via Cuore. En ésta residía Vincenzo Galilei, un músico, cantante y compositor especializado en el laúd, que impartía lecciones en una pequeña escuela situada frente al palacio de los Bocca. También recibía alumnos en su propia casa. Aunque la principal ocupación, la que le proporcionaba los mayores beneficios, era el comercio de la lana. Al parecer no lo hacía nada mal en este terreno, ya que gozaba de cierta reputación en toda la ciudad.

Hombre tenaz, irónico y creativo, amaba la música hasta dominarla en todas sus facetas. Había llegado a escribir varios libritos, lo que prueba su condición de hombre culto.

Estaba casado con Giulia Ammananti, una mujer frustrada porque se consideraba injustamente tratada por la vida, al haber contraído matrimonio con un hombre muy inferior socialmente a ella. Bien es cierto que esto no impidió que tuvieran cinco hijos más en el plazo de siete años: Virginia, Benedetto, Anna, Michelangelo y Livia. Pero no habían sabido evitar que las broncas entre el matrimonio fuesen continuas, lo que dejaba el hogar falto de armonía. Quizá algo muy propio de un músico incapaz de vivir sólo de su vocación.

¿Había finalizado realmente el Renacimiento?

Algunos historiadores se empeñan en afirmar que con la muerte del genial Miguel Ángel Buonarrotti, que ocurrió tres días más tarde de que naciese Galileo, dio por finalizado el Renacimiento italiano. Se basan en que la Iglesia se había vuelto "la gran celosa de la fe", después de enfrentarse a la Reforma de Lutero y Calvino. Así lo dispuso en el famoso Concilio de Trento, celebrado entre los años 1545 y 1563.

Con el resurgir de la Inquisición se puso freno al poder creativo en muchas áreas; sin embargo, no se detuvo la curiosidad de un número reducido de hombres y mujeres. Desde el momento que se dejó de mirar a las culturas clásicas, cultivadas en Grecia y en Roma, para fijarse en lo que se tenía delante, surgió la investigación racional. El mejor ejemplo lo encontramos en Leonardo da Vinci, que fue más un "inventor universal" que pintor y escultor, a pesar de que en las dos artes demostrara sus prodigiosas cualidades.

Similar en muchos aspectos a este florentino sería Galileo, a pesar de que les diferenciase el hecho de que el primero nunca pasó por una universidad, mientras el segundo llegó a ser uno de los catedráticos más famosos de su tiempo. Pero se encontró con unos conocimientos encadenados a viejos principios, verdaderas murallas insalvables, que se encargaría de derribar con sus descubrimientos e investigaciones.

Y manteniendo esta actitud, tan propia del Renacimiento, se vio enfrentado al poder absoluto del Papa, cuando tuvo la oportunidad de burlarse del mismo. Pero, dado que éste supone el momento clave de la presente biografía, lo expondremos a su debido tiempo...

En un ambiente patriarcal

Galileo se educó en medio de las alegrías y los disgustos, que siempre encontraba la tregua oportuna cuando llegaba la melodía. Solían ser madrigales, que el padre componía con una gracia especial. También eran suyas muchas de las letras, con las que pretendía regalar los oídos de los poderosos, sin olvidar una sutil ironía. Este arte tan propio de los espíritus cultivados, que son capaces de utilizarlo como un arma personal, casi de autosatisfacción, dado que los aludidos no llegan a captarlo.

El mayor de los hijos asimiló la ironía, a la vez que aprendía música, poesía y composición. Y con ello el "sentido matemático" que ofrecía el solfeo y el ritmo. Desde su llegaba al mundo había destacado por el cabello pelirrojo, el gran tamaño de su cuerpo y su innata curiosidad. La relación que mantenía con su padre era de una casi absoluta sumisión, algo propio de la época. El cabeza de familia representaba al capitán que no admite que se le contradiga, a pesar de que esté soportando las continuas discusiones con su esposa.

En 1574, toda la familia se trasladó a Florencia. Se alojaron en una casa sencilla de la Piazza di Mozzi. Allí perfeccionó Galileo las enseñanzas del laúd y el órgano, gracias a que su padre dispuso de más tiempo. También le instruyó en latín, griego y en el conocimiento de los clásicos, debido a que el maestro de la escuela oficial se mostraba demasiado "apegado a todo lo antiguo".

No obstante, el hogar continuaba resultando de lo más asfixiante por culpa de las continuas discusiones económicas de los padres: mientras Vincenzo se empeñaba en no dejar la música, Giulia insistía en que se dedicara por entero al negocio de las lanas, "con el fin de no malgastar el dinero de la familia en sueños estúpidos".

Vincenzo era un inconformista en todos los sentidos. Lo demostraba preferentemente con su música, al ser más partidario de los clásicos griegos que de los modernistas venecianos. Esto lo dejó patente en algunos de sus escritos, como el "Diálogo sobre la música antigua y moderna", y en sus composiciones. Un temperamento que llamó la atención de Galileo, pues a sus once años resultaba un niño tan despierto que había superado a su padre tocando el laúd.

Lleno de orgullo paternal, Vincenzo decidió que su primogénito debía perfeccionar los conocimientos en el terreno de las humanidades. Para ello le llevó a la abadía de Vallombrosa, que estaba situada a unos treinta kilómetros de Florencia.

Inmerso en el orden

Para un niño de once años el ambiente monacal resultó demasiado severo. Debió adaptarse a los rígidos horarios impuestos con el tañido de las campanas, a ir uniformado, a vivir siendo uno más entre cientos y a obedecer sin tener el derecho, excepto en casos muy especiales, a preguntar.

Es posible que nunca se hubiera podido adaptar, de no haber encontrado unos grandes maestros en las disciplinas que más le apasionaban: matemáticas, ciencias, literatura, dibujo y griego. Esta lengua le permitiría convertirse, más adelante, en un gran escritor provisto de una "bella literatura y de una gran facilidad de comunicación".

Otra de las cualidades de estos monjes hemos de verla en que hacían gala de un sentido del humor muy singular, que les permitía reírse de ellos mismos y de sus superiores sin resultar ofensivos a nadie. Así las lecciones podían convertirse en un gran divertimiento.

No tardó Galileo en destacar por sus grandes habilida-
des manuales, que le permitían dibujar y tallar con gran facilidad. También arregló algunos de los relojes de la abadía, mejo-
ró la gran rueda de cangilones con la que se recogía el agua de
un manantial de "aguas bravas" y realizó otras pequeñas "proe-
zas mecánicas". Los monjes no le felicitaron por ello, acaso para
evitar que pecase de vanidad; sin embargo, le trataron de una
forma especial, a la vez que le dedicaron las mejores sonrisas.

A los once años Galileo comenzó a demostrar lo hábil que era
con las manos.

Inmerso en un ambiente tan cordial, no ha de extrañarnos que Galileo quisiera hacerse monje. Realmente, se dejó seducir por una existencia ordenada, en la que casi se podía saber lo que iba a suceder durante todos los días del año. Y convencido de que encontraría el apoyo necesario, escribió a su padre. Poco tardaría en comprobar que su destino no le pertenecía.

Un fallo tan hiriente, que se juraría no repetirlo nunca. Fatalmente, "tropezaría en la misma piedra" mucho más adelante, cuando se convirtiera en uno de los personajes más famosos del mundo.

La primera vez que quiso protestar

Como Vincenzo había dispuesto que su hijo eligiera otra carrera, nada más entrar en el convento se entregó a criticar el comportamiento de los monjes. El hecho de que su hijo Galileo estuviera sufriendo una ligera dolencia en los ojos, que pudo ser un ataque de oftalmía, lo utilizó para sacarle de aquel lugar. Debían llegar a Florencia lo antes posible, donde los médicos esperaban.

El injusto comportamiento de su padre llevó a que Galileo estuviera a punto de protestar. Sin embargo, se mantuvo callado. Acaso porque compartía esa desconfianza ante el poder establecido, que a la larga le llevaría a enfrentarse a unas leyes que la Iglesia consideraba "inmutables".

No quisiéramos representar a un joven egoísta, para el que la bondad de los monjes, unido a lo mucho que le habían enseñado, significaba muy poco frente al dominio de su padre. Sabemos que guardó un hermoso recuerdo de su estancia en la abadía de Vallombrosa. Además, volvería a la misma años después.

Una vez que Galileo se curó de la dolencia ocular, pudo comprobar que la llegada de su sexto hermano le obligaba a salir de casa. Faltaba espacio y camas. Así que fue enviado a Pisa, donde viviría en casa de un primo muy generoso. De éste se dispone de poca información. Es posible que recurriera a los más altos personajes de la ciudad para favorecer a su despierto sobrino.

Debía ser médico

A finales del verano de 1581, Galileo entró en la Universidad de Pisa para estudiar medicina. Así obedeció las órdenes de su padre, con el que venía manteniendo un contacto permanente a través de una abundante correspondencia.

Realmente, la medicina que se enseñaba en aquellos tiempos ofrecía muchos puntos de contacto con el arte. En el primer curso se impartían las asignaturas de filosofía, fisiología, curación, latín, griego y hebreo. Para el segundo y tercero se dejaban las matemáticas, las ciencias naturales, la anatomía y la cirugía.

La enseñanza era la misma que Galeno impartiese en el siglo II d.C. Esto suponía escasos avances desde entonces, a pesar de que se estuvieran practicando autopsias. Los descubrimientos anatómicos de Leonardo da Vinci se hallaban recogidos en sus Diarios, que por aquellos tiempos estaban pasando de unas manos a otras sin que nadie se molestara en leerlos.

En la universidad de Pisa regía la filosofía de Aristóteles, el gran pensador griego del siglo IV a.C. Para éste todas las transformaciones ocurrían en la superficie de la Tierra y en el ser humano; sin embargo, el universo permanecía inmutable en su perfección. Nuestro planeta constituía el centro, alrededor del cual giraban el Sol y los demás astros igual que si se encontraran en unas esferas transparentes, cuyos movimientos resultaban uniformes.

Dentro de la teoría aristotélica, el universo se hallaba compuesto de dos regiones: una sublunar, situada por debajo de la esfera en la que se desplazaba la Luna; y otra externa, que ocupaba el espacio existente entre la Luna y las estrellas fijas. En la primera región se localizaban los cuatro elementos fundamentales: agua, tierra, aire y fuego. Éstos también se encontraban sujetos a las transformaciones comprendidas entre la vida y la muerte. Pero en la segunda región sólo existía un éter inalterable por su condición de infinito.

La idea que acabamos de exponer representaba una de las muchas que se consideraban "axiomas". Y a Galileo le fue-

ron enseñadas como tales, a pesar de que un análisis profundo
de algunas de ellas las convertía en "muy discutibles".

La fascinación de las matemáticas

El catedrático de matemáticas de la Universidad de Pisa
era Filippo Fantoni, un monje camaldulense que impartía las
lecciones como si estuviera hablando en un púlpito. Todo lo que
citaba sonaba a clásico. No obstante, a Galileo le permitió recordar lo mucho que esta asignatura le había gustado cuando estu-
diaba música.

Hubiese querido que las explicaciones fueran más vivas
e imaginativas. Para suplir estas deficiencias consiguió textos de
diferentes autores, lo que le permitió ampliar sus conocimientos
de una forma bastante satisfactoria.

Cierto día, uno de los ayudantes de la Universidad, cuyo
nombre desconocemos, habló a Galileo de la presencia en Pisa
de Ostilio Ricci, el matemático oficial de la Corte. Venía a enseñar a los hijos y sobrinos del gran duque. Como se le despertó el
deseo de asistir, antes quiso conocer algo sobre el personaje. Así
pudo saber que había sido discípulo del famoso profesor Tar-
taglia.

A partir de este momento, se olvidó de la Universidad
para centrarse en un solo objetivo: asistir a las clases de Ricci.
Lo consiguió ganándose la amistad de unos de los pajes que
también entraban en las aulas de palacio. Se vistió con sus ropas
más elegantes, y así pudo contar con un "disfraz" que le permitió "colarse" entre los herederos de los nobles más importantes
de la ciudad.

Y desde la primera lección se sintió fascinado por la
forma como aquel "gran maestro" comunicaba su ciencia. Se refería a Arquímedes con la naturalidad del admirador que le entien-
de y, a la vez, comparte sus ideas. Por otra parte, exponía las ecua-
ciones con una sencillez que era imposible no entenderlas.

Durante los primeros días, Galileo prefirió mantenerse
en las últimas filas. Pero, viendo que nadie le consideraba un

intruso, se atrevió a formular unas preguntas al importante profesor. Y las pronunció con tanta seguridad y acierto, que se convirtió en uno de los alumnos predilectos de Ricci. Por cierto, este personaje era otro de los grandes herederos del Renacimiento: su mente se ocupaba de la ingeniería hidráulica, de la cosmología, de la ciencia militar y de otras áreas de la ciencia, pero viendo todo el conjunto bajo un prisma matemático.

Galileo debía contar dieciocho años cuando se "coló" en las lecciones de matemáticas de Ostilio Ricci.

El duro Vincenzo se dejó convencer a la primera

Hemos de comprender que ese tiempo que Galileo dedicaba a las matemáticas se lo estaba robando a la medicina. Los profesores de la Universidad comenzaron a reprocharle la falta de asistencia a las clases, unido a que las pocas veces que se dejaba ver era para discutirlo todo.

La seguridad que había adquirido junto a Ricci, le llevaba a sentirse incapacitado para permanecer indiferente en un aula donde el catedrático se limitaba a impartir las lecciones sin calor, como si las estuviera dictando a unos jóvenes descerebrados. De ahí que se levantara en cada una de las pausas formulando preguntas, cuyas respuestas algunas veces se habían dado otros días, aunque las más eran demasiado comprometidas, debido que cuestionaban los méritos didácticos del catedrático de turno.

Quizá fuese esta actitud la que llevó al rectorado de la Universidad a hablar con Vincenzo, para comunicarle que su hijo sería expulsado sin título en el caso de que siguiera faltando a las clases.

Podemos comprender la reacción del duro músico y mercader de lanas. Quería que Galileo fuese médico, porque esta profesión era la mejor pagada de la Toscana. Abandonó la Universidad dispuesto a todo por volver a imponer su voluntad. Sin embargo, se iba a tropezar con un obstáculo inesperado.

Porque Galileo era a sus diecinueve años todo un hombre, con la astucia suficiente para adivinar al desarrollo de los acontecimientos. Antes de volver a su casa, recurrió a Ricci para que le ayudase. Le contó abiertamente su caso y en seguida se vio acompañado por el mejor aliado.

Cuando Vincenzo se encontró frente al profesor de la Corte, quedó tan anonadado que no supo cómo debía actuar. Jamás había entrado en su casa un hombre importante. Y en el instante que escuchó que debía aceptar perder a un médico en la familia para ganar a un matemático, se dejó convencer a la primera. A pesar de que los matemáticos tenían un futuro similar al de los músicos, es decir, nunca podrían ganar mucho dinero. Bien es cierto que quien apoyaba a Galileo era uno de los hombres más ricos e influyentes de la Toscana.

Pero Galileo no abandonó, por el momento, la carrera de medicina. Necesitaba adquirir unos conocimientos que pudieran complementar lo mucho que estaba aprendiendo junto a Ricci y, cuando éste se marchara de Pisa, seguir estudiando matemáticas.

Por aquellas fechas había sustituido a Aristóteles y a Galeno por Euclides y Arquímedes. Podríamos decir que a éste le convirtió en su guía, especialmente desde que estudió la aplicación del cálculo infinitesimal al desarrollo de las áreas y los volúmenes.

Una leyenda muy creíble

Entremos en el terreno de las leyendas que rodean a todos los grandes genios. Se cuenta que un día cuando Galileo asistía a misa, pudo observar que el aire hacía oscilar "rítmicamente" la larga cuerda de una lámpara de aceite que colgaba del techo. Por su educación musical tuvo muy en cuenta las oscilaciones regulares, lo que le permitió deducir que la lámpara empleaba el mismo tiempo para ir de un extremo a otro del recorrido, hasta que el desplazamiento comenzaba a reducirse. Esto le llevó a pensar en los latidos del pulso humano. Y, convencido de que se hallaba ante un gran descubrimiento, echó a correr hasta la casa de su primo.

No era la primera vez que actuaba de la misma forma, debido a que en este lugar podía realizar los experimentos "secretos" sin tener en la nuca a su padre. Se encerró en el desván, donde estuvo largas horas realizando pruebas con un par de bolas atadas a los extremos de dos cuerdas del mismo tamaño. Comenzó a empujarlas con mayor o menor fuerza, a la vez que él contaba las oscilaciones de una y su primo las de la otra. En seguida pudieron comprobar que las bolas, aunque no tenían el mismo peso, oscilaban durante idéntico espacio de tiempo

Después de varios días de repetir el experimento, Galileo pudo crear un ingenio con el que logró medir las variaciones de su propio pulso y el de su primo. De esta manera descubrió el isocronismo del péndulo

La idea resultaba tan sencilla, que al exponerla en la Universidad fue felicitado por los profesores. En seguida un grupo de éstos construyó un ingenio médico, al que dieron el nombre de "pulsilogía", que fue atribuido a la Facultad de Medicina de Pisa. Una buena forma para que a Galileo le fueran perdonadas, de momento, todas sus faltas.

La necesidad de los experimentos

El experimento que acabamos de describir quizá no deba ser calificado de leyenda, si tenemos en cuenta que Galileo describió uno parecido:

Elegí dos bolas de materiales diferentes: corcho y plomo. De esta manera la segunda pesaba cien veces más que la primera. Las colgué de unas cuerdas de idéntica longitud y grosor, que previamente había clavado en el techo. En seguida las cogí para alejarlas lo máximo posible de la vertical, y las comencé a mover en el mismo instante. Ambas se desplazaron en sentido descendente siguiendo las circunferencias de los círculos que describían las cuerdas, a la vez que éstas formaban los semidiámetros de los círculos. Nada más que superaron la perpendicularidad, volvieron por idéntico camino y, repitiendo unas cien veces sus recorridos de ida y vuelta, dejaron claro que la más pesada y la más ligera se movían con un ritmo tan igual que ni en mil vibraciones más lograría romper el equilibrio. La física del movimiento me ha demostrado que ambas seguirían el mismo paso eternamente.

He aquí la regla máxima de los científicos modernos: observación de un fenómeno natural, intuición para comprender que puede ser utilizado por el ser humano, repetición del mismo en el interior de un estudio o laboratorio, comprobación fiable de los resultados y, por último, aplicación a un invento.

Lógicamente, Galileo no fue el primer hombre que se sirvió de la experimentación. Las civilizaciones antiguas ya lo hacían y el gran Leonardo da Vinci lo convirtió en una práctica natural, que entonces se desconocía por culpa de que todas sus realizaciones científicas se hallaban en esos manuscritos personales que nadie se había molestado en leer.

Vincenzo vuelve a la carga

En 1585, Vincenzo creyó haber encontrado la manera de que su hijo volviese a pensar en la carrera de medicina. El duque de Toscana acababa de ofrecer cuarenta becas para los estudiantes más pobres. No obstante, sólo pudo conseguir que Galileo se presentara sirviéndose de toda su testarudez, unida a ciertas muestras de violencia verbal.

Esfuerzo inútil, ya que el joven fue rechazado por el rectorado de la Universidad. Al parecer se tuvo muy en cuenta sus continuas ausencias de las clases, su actitud crítica y su insolencia *al no dejar de proclamar que a través de las matemáticas se podían explicar todos los fenómenos del mundo.*

La respuesta la hallamos en que el comité de selección estaba formado por los catedráticos mas criticados por el "con-. flictivo aspirante". Nadie tuvo en cuenta los grandes méritos de Galileo, ya que a pesar de sus ausencias reunía unas evaluaciones académicas muy superiores a los de sus compañeros, y sí la imposibilidad de "domesticarle".

Entonces, Vincenzo se debió rendir a la evidencia. Todos sus esfuerzos habían resultado inútiles. Además, estaba pasando por una mala situación económica y no podía seguir pagando los estudios de su hijo. Así se lo expuso a éste y se fue a encontrar con la respuesta que esperaba:

— No se preocupe, padre. Sé más matemáticas que los catedráticos de la Universidad. Desde mañana comenzaré a dar clases particulares. Algunos de los estudiantes con los que he compartido las aulas serán mis primeros alumnos.

No estaba fanfarroneando. Al cabo de dos semanas pudo disponer de unas habitaciones, en las que comenzaría una tarea que terminaría por apasionarle. Hasta convertirla en una profesión a la que dedicaría unos cinco años, saltando de Siena a Florencia, sin dejar de pasar unas cortas temporadas en la abadía de Vallombrosa, donde enseñó a los novicios perspectiva matemática.

Esta última ocupación convierte en muy discutible la opinión de algunos historiadores respecto a que Galileo, al ser sacado de la abadía por su padre, debido a la dolencia ocular, quedó condenado por los monjes al considerarle "expulsado a perpetuidad".

CAPÍTULO II

CATEDRÁTICO EN PISA

El invento de la "bilancetta"

Realmente, Galileo era un humilde maestro que se ganaba la vida con grandes dificultades. Pero latía en su ánimo el orgullo de su padre. Sirviéndose de los principios de Arquímedes, por el que sentía una auténtica veneración, inventó una balanza hidrostática muy sensible, cuya varilla se encontraba suspendida en el centro por un alambre. Desde el eje se enrollaba este alambre a la varilla, de una forma tan ingeniosa que cada vuelta servía para marcar las medidas. Y en un extremo de la varilla había montado un recipiente para el líquido y los metales.

Lo llamó *bilancetta* ("balancita") y lo acompañó con un librito explicativo. Con este ingenio se podía medir la densidad de los fluidos y de los metales, tanto en el aire como en el agua, con el fin de calcular la proporción de sus aleaciones. Toda una obra de arte, a pesar de que sus colegas no la prestasen una gran atención.

Sin abandonar a su gran maestro Arquímedes, efectuó un estudio sobre la gravedad de los sólidos. Tarea que le llevaría dos años y que le serviría para abrirse las puertas de las universidades.

El primer contacto con los jesuitas

En 1587, la cátedra de matemáticas de la Universidad de Bolonia quedó libre al morir el sacerdote Ignacio Danti.

Galileo se propuso ocuparla, para lo que viajó a Roma en busca de las mejores recomendaciones. Para ello se entrevistó con el jesuita alemán Christoph Clau, al que se le habían latinizado el nombre y el apellido para llamarle Cristóbal Clavius. También se le daba el nombre del "Euclides del siglo XVI", por haber ayudado a la modificación del calendario gregoriano y ser el autor de los libros más importantes, en el terreno de las matemáticas, que se estudiaban en toda Europa.

Puede afirmarse que en este personaje quedaba representado el interés de la Iglesia por la astronomía. Pertenecía al Colegio Romano. Como no se le podía molestar con nimiedades, Galileo llevaba preparado su estudio sobre el centro de gravedad de los cuerpos de acuerdo con los principios de Arquímedes.

Y se fue a encontrar ante un hombre sencillo, tocado con un gorro de cuatro picos, que le trataba como a un colega. En cuanto al estudio donde se encontraban daba idea de que su ocupante se dedicaba a infinidad de tareas científicas, lo "normal" en un sabio de aquellos tiempos. Conversaron a nivel de colegas, hasta que Clavius le entregó una carta de presentación para el cardenal Enrico Caetani, que era el tesorero del Vaticano.

Conviene dedicar unas líneas a los jesuitas. La Compañía de Jesús se había fundado en 1540. A pesar de su juventud, si la comparamos con las demás órdenes religiosas, había conseguido en muy poco tiempo situarse en las más altas estancias de la Iglesia, especialmente dentro de Roma. Una realidad que Galileo debió conocer, cuando había aprendido, más en la persona de su padre, la necesidad de contar con el apoyo de los poderosos. Los pobres no podían materialmente dar un paso sin disponer de la oportuna recomendación.

Nuestro joven protagonista había fijado sus ojos en la nobleza y el profesorado, sin caer en la cuenta de que los eclesiásticos habían ocupado el primer lugar desde el Concilio de Trento.

Un rechazo esperado

Cuando al fin Galileo se pudo entrevistar con Enrico Caetani, se fue a encontrar con un personaje excesivamente ocupado. Le atendió mientras daba cuenta de algunos asuntos relacionados con la tesorería del Vaticano y, finalmente, le entregó una recomendación más bien protocolaria.

Galileo sabía que iba a ser rechazado como catedrático. Pero no dejó de luchar hasta el final.

Ya nada retenía al joven en Roma. Mientras viajaba hasta Bolonia, no dejaba de pensar que sería rechazado al no disponer de los suficientes "valedores". Su padre le estaba esperando ante la Universidad. También había buscado aliados para su hijo, aunque no creía que fuera suficiente.

Acababa de ser informado de que algunos de los candidatos eran famosos profesores, cuyo prestigio universitario superaba en mucho al de su hijo. En efecto, éste no pudo impresionar al rectorado de la Universidad de Bolonia, aunque mostrase sus investigaciones e hiciera una exposición magistral sobre las leyes del movimiento.

Quince días más tarde, se conoció que la cátedra de matemáticas había sido asignada a Antonio Magini, un paduano con más experiencia que Galileo. Algo que éste debió reconocer, dado que aquél le superaba en conocimientos matemáticos, astronómicos y geográficos, pero sólo si los valoraba desde un plano tradicional.

Una rápida preparación académica

Galileo se entregó a corregir sus deficiencias, a la hora de enfrentarse a otro rectorado, intensificando sus estudios. Mientras tanto, Florencia se enfrentaba a otro de los grandes dramas de su historia: la muerte del gran duque Francesco I y de su esposa Bianca Capello. Al parecer los dos enfermaron en lugares distintos, y lo que terminó con sus vidas fue el remedio que utilizaron para curarse: una pócima árabe llamada *bezoar*.

Sin embargo, el pueblo nada sabía de esto, por lo que comenzaron a circular distintas versiones relacionadas con envenenamientos. El máximo sospechoso era Ferdinando, sobre el que había recaído el ducado de Florencia.

En 1589, Galileo se centró en dos objetivos: conseguir la cátedra de matemáticas en la Universidad de Pisa y despertar en el nuevo duque la necesidad de crear la misma cátedra en Florencia. Por aquellas fechas se había ganado la amistad del marqués Guidobaldo del Monte, el cual acababa de publicar un libro de mecánica. En éste trataba el problema de la gravedad de los sólidos, que Galileo dominaba a la perfección. Así nació una relación muy honda entre los dos personajes, hasta el punto de que el noble se convirtió en el mecenas del plebeyo.

La amistad nació de un intercambio de conocimientos, lo que había llevado a que Del Monte se mostrara "tan humilde" para solicitar a Galileo que le corrigiese las pruebas de su próximo libro. Y como quedó muy complacido, escribió a su hermano Francesco, con el fin de que prestase toda la ayuda posible al joven aspirante a catedrático.

Pronto se comprobaría que el solicitado podía ofrecer los mejores apoyos, debido que a las pocas semanas fue nombrado cardenal. Cargo de lo más importante, debido a que en marzo quedó libre la cátedra de matemáticas de la Universidad de Padua.

También disponía de tiempo para la música

Mientras se esperaba la convocatoria para cubrir tan apetecible cátedra, Galileo había vuelto a establecer frecuentes contactos con su padre. En este momento conviene resaltar que los dos se entendían en muchas cosas, además de en la música y en algunas áreas del conocimiento. Por ejemplo, les gustaba la bebida y la buena mesa. También las mujeres, aunque en este terreno se mostraban discretos, y no creemos que se fueran de juerga juntos. aunque sí compartieron unas desbordantes jarras de cerveza y un mesa copiosa.

Cuando se sentían más felices era al poder demostrar lo compenetrados que se hallaban en el terreno musical. Terminaron por formar un dúo extraordinario, en el que a Galileo le correspondía tocar el órgano o el laúd, mientras que Vincenzo se encargaba del otro instrumento que había dejado su hijo, a la vez que se interpretaban sus partituras.

Nunca actuaron en público. Es posible que lo hicieran en algunas de las tabernas, pero de una forma espontánea y fruto más bien de la embriaguez. Tenían algunas cosas que olvidar, sobre todo las estrecheces económicas.

En efecto, al padre le estaban pasando factura por haber compuesto madrigales en honor de la duquesa Bianca. Pese a que ésta hubiese muerto, su memoria continuaba siendo odiada por el máximo mandatario político de Florencia. Bajo las presiones de un enemigo tan peligroso, Vincenzo se había quedado sin alumnos en sus clases de música y estaba perdiendo a algunos clientes dentro del comercio de lanas y tejidos.

Pero los buenos contactos de Galileo con Guidobaldo, con el que nunca dejaría de relacionarse durante aquellos tiempos, vinieron a aligerar la presión. Y sin tantos apremios monetarios, los dos pudieron hablar de las matemáticas aplicadas a la música, especialmente en relación al número de cuerdas de los instrumentos y las vibraciones de las mismas. Quizá escribieran un librito sobre el tema.

Las medidas del Infierno

En la Universidad de Florencia se estudiaban las obras de Boccaccio y de Dante con gran apasionamiento. No hemos de olvidar que eran los tiempos en los que se había generalizado, entre los intelectuales, el concepto de "hombre universal", es decir, el creador que al estilo de Leonardo da Vinci o de otros genios convertía su mente en una rosa de los vientos: siempre a la búsqueda de nuevos saberes, sin que importara el hecho de corresponder a disciplinas dispares.

Dentro de las muchas discusiones que se planteaban, una de las que despertó mayor entusiasmo fue calcular las dimensiones del "Infierno". Para resolver este asunto al senador Baccio Valori, presidente de la Academia de Florencia, propuso a Galileo para que resolviera la cuestión, ya que le consideraba uno de los mejores disertadores que conocía.

Contando con el apoyo de todo el comité, habló con el joven matemático. Y éste aceptó el desafío sin ningún temor. Claro que solicitó dos semanas para elaborar sus planteamientos. Durante este tiempo analizó la obra de Dante, leyó algunos estudios sobre el tema y se entrevistó con varios sacerdotes y

policías de los arrabales, donde supuso que se encontraría el
mayor número de posibles "huéspedes del Infierno".

*Ferdinando I de Médicis. Este cuadro de Bronzini se encuentra
en la "Uffizi Gallery".*

La tarde que ofreció su hipótesis en el palacio Médicis
de Vía Larga, tomó como referencia todo lo que acababa de
investigar. Esto le permitió reconstruir un universo subterráneo
en forma de cono de proporciones infinitas, y hasta se atrevió a
proporcionar las medidas de Lucifer.

Planteó la cuestión de una forma tan matemática, sin olvidar las citas literarias oportunas tomadas del libro de Dante, que dejó completamente deslumbrado al numeroso auditorio. No nos atreveríamos a escribir que les convenciera de la existencia del Infierno, pues todos creían en el mismo. Lo que allí se produjo fue la comunicación entre un excelente "profesor" y sus "alumnos" más aventajados.

Lo que se había organizado como una diversión, terminó resultando una conferencia apasionante. Y a la hora de formular las preguntas, todos los asistentes prefirieron aplaudir a Galileo. Esto le concedió un gran prestigio. Pero no le supuso ninguna oferta de trabajo.

¡Por fin consiguió la cátedra de matemáticas!

Ante las reiteradas negativas de las universidades de Padua, Pisa, Florencia, Roma y Bolonia a concederle una cátedra de matemáticas, Galileo llegó a pensar en emigrar a Oriente, donde acaso los turcos le comprendieran mejor. Decisión que expuso a sus mejores amigos, confiado en que le ayudarían.

Como podemos entender, esta idea no gustó al marqués Guidobaldo del Monte. Para animarle de la forma más positiva le financió la edición de un librito sobre el centro de la Tierra. Y seis meses más tarde, en 1589, la Universidad de Pisa creó la cátedra de matemáticas, que fue asignada a Galileo por sus grandes conocimientos y, además, por ser el candidato que contaba con las mejores recomendaciones. Así se convirtió en el profesor más joven que había impartido clases en aquella Universidad.

Al nuevo catedrático se le asignó un sueldo anual de setenta coronas, lo que suponía una miseria. Además, se encontró con que la asignatura de matemáticas formaba parte de la medicina, y estaba siendo considerada a los mismos niveles de la astrología. El problema de que se pagara tan poco obedecía a que la mayoría de los profesores eran sacerdotes, todos ellos tan preocupados por los temas religiosos y la política administrativa de los conventos que prestaban poca atención a la enseñanza.

Galileo sintió un verdadero desprecio por estos malos profesores, a los que toleraba por no perder el trabajo, aunque de cuando en cuando los trataba con cierta ironía. La verdad es que estos ataques resultaban muy esporádicos, como una especie de desahogo. Acaso el peor de toda aquella caterva de inútiles fuese Girolamo Borro, un pedante que se había atrevido a publicar dos libros sobre las mareas y la gravitación de la Tierra siguiendo el pensamiento aristotélico. En su favor se podía apuntar que utilizaba la lengua italiana vulgar.

"Contra los que llevan la toga"

Galileo se presentaba muchas veces en las aulas de la Universidad con ropas normales, sin querer ponerse la toga. Para él ésta significaba algo más que una prenda-uniforme, porque debía conferir calidad, amor a la enseñanza y vocación pedagógica. Al cabo de unos meses escribió una poesía satírica, en la que copiaba el estilo de su padre, que tituló "Contra los que llevan la toga":

> *Yo debo estar a favor de llevar la toga*
> *igual que si fuera un fariseo cualquiera*
> *o un desconocido escriba o archisinagoga.*
> *¡Ni lo imaginéis! (...)*
> *A quienes llevan la toga no interesa*
> *esconder debajo trajes raídos*
> *si desean que la toga bien les caiga (...).*
> *Así se puede doblar el gasto*
> *en una empresa dura y fatigosa*
> *para quien no tiene mucho dinero (...).*
> *Debes estar al tanto que estos méritos*
> *impuestos fueron por alguien muy astuto*
> *para asombrar a los ignorantes*
> *que consideran más sabio*
> *a éste o a aquél porque lleve*
> *toga de raso o toga de velludo.*
> *¡Y sabe Dios cómo irá la cosa!*

Hemos de comprender que los demás catedráticos debieron reaccionar, acaso esperando a que venciesen los tres años del contrato de aquel insolente jovencito. Podían tener paciencia hasta cobrarse su venganza.

El desafío de Galileo

Una de las presunciones de Borro era proclamar que muchas de sus hipótesis las apoyaba con experiencias prácticas. Así hablaba con engolamiento de que había podido comprobar la teoría de Aristóteles de que "una bola de cien libras que cae desde una altura de cien codos llegará al suelo antes que otra de una libra haya recorrido una distancia de un codo".

Galileo recordaba que en cualquier granizada las piedras de distintos tamaños caían al mismo tiempo. Esto le llevó a realizar algunos experimentos, que le permitieron demostrar la inexactitud de la teoría aristotélica.

Se cree que por aquellas fechas ya había leído el estudio de Giovanni Battista Benedetti, en el que por medio de un análisis del "ímpetu" se rebatía las ideas de Aristóteles sobre los movimientos violentos, especialmente el de los proyectiles. Y en base a esta idea, se cuidó de incorporar a la misma la visión matemática y el plano empírico. Una excelente forma de recuperar a Arquímedes.

Después de pensarlo un tiempo, Galileo se propuso el desafío a las palabras de Borro por medio de una demostración realizada desde la zona más elevada de la famosa Torre Inclinada de Pisa. Para ello utilizó varias bolas de plomo, oro, ébano, pórfido y cobre. La altura elegida era de unos noventa y seis codos (cincuenta y cuatro metros aproximadamente). Abajo se encontraban cientos de estudiantes, una importante representación del claustro de la Universidad y un gran número de curiosos.

Aspecto de Galileo en el momento que realizó el experimento de las bolas en la Torre Inclinada de Pisa.

Cuando Galileo dejó caer las bolas a la vez, se pudo comprobar que todas, sin que importara su peso, tomaban contacto con el suelo casi al mismo tiempo. Esto permitió deducir que era la resistencia del aire, nunca el peso, lo que retrasaba mínimamente la caída. Con el paso del tiempo, Galileo llegaría a probar que en el vacío una pluma y un pedazo de plomo tardaban el mismo tiempo en tomar contacto con el suelo.

Sin embargo, su demostración en la Torre de Pisa no quedó registrada en ningún libro, y hasta el mismo Galileo sólo la menciona de pasada en una de sus obras. Quizá nos encontremos de nuevo ante otra de las leyendas que rodean a los grandes hombres.

"De motu" o el diálogo entre dos viejos amigos

Galileo era un gran aficionado a la literatura. Poco tardó en comprender que los científicos debían servirse de una escritura más amena. Por este motivo en su libro *De motu* ("Del movimiento") ofreció el diálogo entre dos viejos amigos, Alexander y Dominicus, mientras pasean por las orillas del Arno. El primero es el propio Galileo.

La obra ofrece algunos toques de brillantez, pero, en general, no consigue librarse de la pesadez tan común en los eruditos de la época, a los que les resultaba imposible eludir el latín culto. Tampoco los conceptos se exponen con una claridad meridiana. Todos estos errores serían corregidos más adelante en otros libros.

De motu no fue conocido en su tiempo, quizá porque el autor no lo consideró oportuno. Se publicaría tres siglos más tarde. Así pudo comprobarse que consistía en un estudio independiente de los fenómenos naturales. Algunos especialistas lo consideran el testimonio de que Galileo acababa de romper con la ciencia tradicional, para adentrarse en la suya que, a la larga, sería la que hoy conocemos como moderna porque nace de la "libertad de pensamiento". Así nos lo demostró Max Bron:

"La precisión científica y los métodos experimentales y teóricos han permanecido constantes desde la época de Galileo a través de los siglos."

34

De pronto, se convirtió en el "patriarca"

En junio de 1591 murió Vincenzo Galilei. Toda una tragedia para sus hijos. Mucho más para Galileo, ya que se encontró con la responsabilidad de ser el "patriarca" o "el cabeza de familia". Esto le obligó a afrontar las deudas de todos, además de las suyas. Como su hermana Virginia había contraído matrimonio dos años antes, se vio ante el compromiso de tener que pagar la dote de la boda, ya que no lo hizo su padre en su día.

Dado que su cuñado Benedetto Landucci era un hombre ambicioso, había pedido mucho dinero prestado a cuenta de la dote. Así que Galileo cargó con la responsabilidad de pagar tres mil coronas, cuando sus ingresos anuales no llegaban a las quinientas.

Pudo satisfacer los primeros plazos de la deuda, hasta que al retrasarse en los otros se enfrentó a la amenaza de la cárcel. Para evitarlo, se presentó en Florencia llevando doscientas coronas. Esto le permitió tranquilizar a sus acreedores, a los que prometió pagarles el resto a su debido tiempo. También se cuidó de visitar a su familia.

La conveniencia de ocultar la verdad

Nada más volver Galileo a la Universidad, se encontró con otra responsabilidad inesperada. El hijo legítimo del gran duque le invitó a presenciar la demostración de un ingenio mecánico que él mismo había inventado. Era una máquina para dragar el puerto de Liorna.

Asistió a la prueba sin formular palabras, pero, en el momento que se le pidió su opinión, no pudo ocultar la verdad. Aquel elemento mecánico era un torpe plagio de otro similar, por lo que aconsejaba su destrucción. Creemos que debió hablar con una cierta ironía, por lo que hirió al joven Médicis. Esto le proporcionó otro nuevo enemigo.

Y al comprobar que en la Universidad se le estaba haciendo la vida imposible, se dijo que no podía esperar que le renovasen el contrato de trabajo para el curso siguiente. En su fuero interno comprendió la conveniencia, en ocasiones, de mantener la boca cerrada, sobre todo cuando la verdad puede ofender a un personaje demasiado poderoso. Algo que no se permitió reconocer públicamente.

CAPÍTULO III

ERA DEMASIADO HUMANO

La cátedra de la Universidad de Padua

En 1592 Galileo se empeñó en conseguir la cátedra de matemáticas de la Universidad de Padua, ya que ésta era una de las más importantes de Europa. Muchos la comparaban con las de París y Salamanca. A la misma asistían un gran número de estudiantes alemanes, porque las enseñanzas se impartían en el latín culto que hablaban los intelectuales de media Europa.

El puesto llevaba cuatro años sin ser ocupado, desde el fallecimiento de Giuseppe Moletti, otro de los "hombres universales": geógrafo, astrónomo y matemático. También había formado parte del grupo de científicos que se encargaron de modificar el calendario juliano. Quizá uno de los hechos más destacables de este personaje fuera que se había atrevido a discrepar en público de las ideas aristotélicas.

El mayor inconveniente con el que se tropezó Galileo fue que Padua pertenecía a la República de Venecia. Esto suponía un país extranjero dentro de aquella Italia dividida. También optaban por la plaza famosos profesores, como Giovanni Antonio Magini, que ya le había derrotado hacía cuatro años en una situación parecida.

Estos obstáculos el joven matemático no los consideró insalvables. Se despidió de su familia, depositó sus escasas pertenencias en un baúl y partió hacia Padua. Sabía que iba a vivir en una república gobernada por un "dux", el cual era elegido entre las quinientas familias que formaban la oligarquía del poder, a la vez que componían el Consejo de los Diez y el Senado. Singular manera de gobernar que había convertido a Venecia en uno de los estados más ricos de Europa, además de ser la mayor potencia naval y comercial del Mediterráneo.

Galileo había cumplido los veintiocho años, se hallaba en la plenitud intelectual, poseía un don de palabra envidiable y nadie le superaba en el campo de las matemáticas. Pero, lo más importante, el marqués de Carlo le acababa de proporcionar una recomendación de las que pueden ser consideradas "infalibles".

Otro de sus grandes aliados

Gracias a esta recomendación se puso en contacto con Gianvincenzo Pinelli, que era uno de los hombres más influyentes de Venecia. Dirigía un salón de escritores en el palacio de Vía del Santo y poseía una biblioteca de ochenta mil volúmenes, además de una gran colección de pinturas, esculturas e infinidad de objetos científicos.

Desde su primera conversación, entre Pinelli y Galileo se estableció una gran amistad. La juventud de este último, su fina ironía, el escándalo que le precedía y sus grandes conocimientos supusieron un currículum excepcional para el otro. En seguida se ofreció a ayudarle, para lo cual le brindó un plan de ataque: escribir varias cartas a los hombres más influyentes de Venecia, en todas las cuales debía mencionar que contaba con el más sincero apoyo de Gianvincenzo Pinelli y del marqués Guidobaldo del Monte.

Creemos que a partir de estas fechas el genial matemático se aficionó a la correspondencia, como una de las mejores armas con las que podía contar. Al disponer de un latín muy refinado, que se unía a un concepto literario de primerísima fila, su poder de convicción adquirió un valor irresistible. Sin embargo, por si fuera poco, lo acompañaría siempre con las oportunas notas de recomendación de sus grandes aliados.

De esta manera Galileo se hallaba provisto de las mejores armas al presentarse ante los tres examinadores. Y como la exposición de sus planes de estudio, unido a sus respuestas a todas las preguntas que se le formularon, resultaron muy brillantes, no ha de extrañarnos que se le concediera la plaza.

Galileo se enfrentó ante el comité de catedráticos de Padua con la seguridad del ganador.

Semanas más tarde, el empleo fue ratificado por el Senado de Venecia. Se le contrató por un plazo de cuatro años, con un sueldo anual de ciento ochenta coronas. Y así consiguió derrotar a Magini, que al ser paduano siempre creyó que sus paisanos le concederían la cátedra. Éste nunca olvidaría su fracaso.

En contacto permanente con intelectuales

Antes de comenzar el curso universitario, Galileo fue autorizado a viajar a Florencia, ya que necesitaba el permiso del duque Francesco I para realizar cualquier tipo de trabajo fuera de la Toscana. Como las preocupaciones de este noble se centraban más en las bellas artes, no vio ningún inconveniente en perder a un matemático, que encima arrastraba la mala fama de ser bastante problemático.

Al cabo de los años, lamentaría su decisión, porque el prestigio del matemático pisano era tan grande que todos los días le llegaban centenares de protestas por no haber sabido retenerle.

El discurso de ingreso de Galileo en la Universidad de Padua se celebró en el aula magna el 7 de diciembre de 1592. Lo obligado era que lo pronunciase en latín culto, y que el tema versara sobre los fundamentos de la enseñanza que iba a impartir. Como había cuidado el momento hasta el más mínimo detalle, obtuvo un éxito sonado. Algo normal en un experimentador nato que pocas cosas dejaba al azar.

No se dispone de la transcripción del discurso, lo que sí existe es una especie de importante "síntoma": algunos de los alumnos alemanes que le oyeron hablaron del mismo con Tycho Brahe, que era el astrónomo más famoso de Europa. Y el comentario de éste fue que acababa de nacer una nueva estrella en el firmamento de la ciencia.

Otros de los admiradores de Galileo fueron el conde Marco Antonio Bissaro y el renombrado doctor Girolamo Mercuriale. Por otra parte, el nuevo profesor vivió durante un tiempo en el palacio de los Pinelli, en cuyos salones se daban cita los intelectuales más renovadores de la República de Venecia. Entre éstos destacaban el historiador holandés Enrico van de Putte y el jesuita Paolo Gualdo. Y de cuando en cuando recibían la visita de Torcuato Tasso, que era considerado el poeta vivo más importante del continente italiano.

El gran poder inquisidor de la Iglesia

Se cree que uno de los temas que con mayor frecuencia tocaban aquellos contertulios que se encontraban en los salones del palacio Pinelli, eran las consecuencias del Concilio de Trento, que se había celebrado cuarenta años antes. A partir de éste se impuso la contrarreforma para detener unos desafíos similares a los protagonizados por Lutero y Calvino.

La contrarreforma suponía un mayor poder de la Iglesia a la hora de controlar cada una de las áreas del pensamiento, sobre todo en el terreno de la religión. Se impuso que las Sagradas Escrituras sólo podían ser interpretadas por los teólogos y la Inquisición se endureció mortalmente frente a cualquier tipo de herejía. Además, el Índice de Libros Prohibidos ya incluía miles de nuevos títulos.

Aquellos intelectuales criticaban toda esta dureza, sin dejar de reconocer su condición de católicos. Seguramente, confiaban en que nada de lo que allí se hablaba fuera divulgado por cualquiera de los contertulios. Lo que no pudieron evitar es que se creara una atmósfera de rebeldía, cuyas primeras consecuencias se apreciaron en el enfrentamiento entre la fe y la ciencia. Algo por lo que serían detenidos el dominico calabrés Tommaso Campanella, el ex jesuita Marco Antonio de Dominis, que había llegado a ser arzobispo de Split (Dalmacia), y el monje Giordano Bruno.

Las charlas en el palacio Pinelli solían terminar con unos conciertos, en los que participaban Galileo y otros músicos. Por lo general, se interpretaban los madrigales compuestos por Vincenzo Galilei, cuya poesía al haber sido llevada a la canción era muy apreciada. No hay duda de que el hijo se hizo merecedor de muchos elogios que correspondían al padre.

Las otras ocupaciones

Entre las muchas ventajas que ofrecía Padua hemos de destacar su proximidad a Venecia. Esto suponía que se podía viajar de una a otra en pocas horas, lo que permitía el contacto permanente de Galileo con los intelectuales de ambas ciudades.

Precisamente, en la de los canales conoció al gentilhombre Giovanfrancesco Sagredo, con el que establecería tal grado de amistad, mejor lo llamaremos camaradería, que le convertiría en uno de los personajes del mejor de sus libros.

Pero Galileo no sólo se dedicaba a la enseñanza. En los primeros meses escribió un libro sobre mecánica y, sobre todo, se dedicó a la arquitectura militar: diseño de murallas, sistemas de asaltos, movimientos de tropas y otros temas similares. Esta ocupación le fue propuesta por el general Del Monte, uno de los famosos personajes que le habían permitido conseguir la cátedra de matemáticas en la Universidad de Padua.

En vista de que Galileo estaba demostrando ser un excelente "ingeniero militar", las autoridades venecianas le propusieron organizar las defensas del canal de San Niccolò, que se hallaba situado al este del Lido y llevaba siglos representando el punto más débil por su condición de navegable. Se había pretendido protegerlo con la instalación de dos fuertes o castillos, llamados San Andrea y Vecchio, y con una gigantesca cadena de hierro que se levantaba utilizando un cabrestante. La cadena se echaba nada más ver a un barco enemigo. También se utilizaba una vieja gabarra provista de dos cañones.

El fallo que presentaban estas protecciones se evidenciaba durante un largo periodo de paz, ya que al permitir la navegación de las embarcaciones propias, se facilitaba el ataque por sorpresa del enemigo.

Su pasión por los trabajos manuales

Galileo se encargó de resolver el problema, sin olvidar que en Venecia se encontraba el Arsenale, donde podía construirse una galera en un solo día al contar con más de cinco mil operarios. Por algo la República era una de las mayores potencias marítimas del Mediterráneo. Se sabe que le gustaba visitar los astilleros para hablar con los capataces y los operarios más especializados.

En los astilleros venecianos Galileo pudo admirar la habilidad manual de los trabajadores.

Amigo de las prácticas manuales, ver trabajar a quienes conocían bien su oficio le proporcionaba una gran satisfacción. También procuraba formular preguntas o plantear cuestiones prácticas, algunas de cuyas respuestas se cuidó de introducir en sus libros para demostrar la admiración que sentía ante las gentes que conocían su oficio al practicarlo como una vocación. Así lo expresó en las primeras páginas de su obra "Discurso y demostración matemática en torno de dos nuevas ciencias":

Con la frecuente visita a vuestro famoso arsenal, seño-
res venecianos, se proporciona a los intelectos especulativos un
amplio terreno para filosofar, y ello especialmente alrededor de
esa sección que se llama mecánica; ahí se ponen en funciona-
miento continuamente toda clase de instrumentos y de máquinas
por obra de un gran número de artífices, entre los cuales, recor-
dando las observaciones formuladas por mis antecesores y
teniendo en cuenta las que realizan continuamente ellos mismos
por su propia cuenta, es preciso que haya algunos muy hábiles
y de muy perspicaz razonamiento.

Necesitaba obtener mucho dinero

Mientras pensaba en las defensas de Venecia, Galileo comenzó a recibir algunos encargos para el emplazamiento de los remos en las embarcaciones o la modificación de las lámparas de aceite. Estos trabajos menores los fue resolviendo con prontitud. Con el paso del tiempo contrataría a un mecánico fijo, llamado Marcantino Mazzoleni, al que instalaría un taller en su estudio de Padua. Allí contaba con una vivienda propia, que se hallaba situada junto a la iglesia de Santa Giustina.

Se cuenta una anécdota referente al abad de este templo. Al parecer, cuando supo que iba a tener como vecino a un hombre famoso, se acercó a visitarle con la idea de prestarle sus servicios. Lo que no pudo imaginar es que se fuera a encontrar con alguien que carecía hasta de lo imprescindible. Por eso debió conseguirle una silla, una mesa, una cama... ¿Podemos creerlo teniendo en cuenta que Galileo era tan orgulloso?

Entra dentro de lo posible, porque el genial matemático vivía con lo justo, debido a que constantemente estaba recibiendo cartas de sus acreedores en las que le amenazaban con denunciarle ante los tribunales. Debía girar dinero a Florencia permanentemente.

Necesitaba elevar sus ingresos económicos porque había asumido la responsabilidad de cubrir todos los gastos de su familia. Además de las dotes para los matrimonios de sus hermanas, también cubrió los gastos de desplazamiento de su hermano Michelangelo, que al ser un gran músico había sido contratado para actuar en Alemania y Polonia. Una vez se encontró en Munich, lo mismo que al llegar a Varsovia, se gastó todo el dinero que llevaba encima: unas veces en fiestas y otras porque, decidido a casarse con Anna Chiara Bandenilli, se endeudó con el banquete nupcial. Varias remesas monetarias de Galileo impidieron que se le encarcelara.

Resulta incomprensible que un hombre tan inteligente se dejara esclavizar por el sentido "patriarcal", del que se estaban aprovechando la mayoría de sus familiares. Se ha podido comprobar que se vio obligado, en algunos casos, a solicitar anticipos de dos años de su sueldo en la Universidad para correr con los gastos de su madre, hermanos y cuñados.

Esto explica su febril necesidad de realizar infinidad de trabajos, además de atender a sus alumnos de la Universidad y de las clases particulares. Por fortuna, éstos pertenecían a la nobleza y a la burguesía, sin que faltasen los alemanes, y le pagaban generosamente.

Un catarro con graves secuelas

Durante el verano de 1593, Galileo realizó con varios amigos una excursión al campo. Después de haber pasado por Vereno y Vicenza, fueron a parar a la aldea de Custozza. La noche era muy calurosa y habían bebido excesivamente.

Allí fueron bien recibidos, cenaron y dieron cuenta de nuevas botellas, en este caso de un rosado aromático. Perdido el control de sus acciones, todos fueron llevados a los dormitorios, donde se les acostó. Pero alguien dejó las ventanas abiertas.

No creemos que nadie pretendiera dañar a Galileo, pero se consiguió. Quedó a merced de unas corrientes de aire que pasaban sobre un manantial de montaña, cuyas aguas descendían muy frías hasta en las noches más cálidas. El continuo ataque de este aire helado provocó unas altas fiebres en el durmiente, hasta que unas toses violentas le despertaron.

En vista de que parecía que se le iba a romper el pecho, se llamó al médico de la localidad. Y éste diagnosticó un grave catarro, que aconsejaba el traslado del enfermo a un hospital. Tardaría más de quince días en curarse; sin embargo, le quedarían las secuelas de una artitris y otras dolencias crónicas que le acompañarían toda la vida.

Se ha llegado a escribir que hubiese podido morir de no haber contado con la gran ayuda de Girolamo Fabricio, uno de los catedráticos de medicina de la Universidad de Padua. Galileo le demostraría su agradecimiento, quince años más tarde, con este escrito en el que pretendió demostrar que las matemáticas no debían separarse de la filosofía:

... Cometer ese atropello sería tan disparatado como intentar que el gran cirujano de Acquapendente (Fabricio) se limitara a vivir en medio de su instrumental y sus pomadas, olvidándose de la medicina. El conocimiento de la cirugía jamás puede anular el de la medicina. A mí me ha devuelto la salud infinidad de veces el magnífico Acquapendente. Y pongo mi palabra como testigo de que jamás me recetó una combinación de vendajes, cuchillos y sondas, ni se atrevió a cauterizarme las heridas, ni me arrancó un diente sin necesidad. Lo suyo fue tomarme el pulso, comprobar si tenía fiebre y, después, proceder de acuerdo al examen minucioso que acababa de realizarme...

Nunca fue un hombre amargado

La imagen que hemos ofrecido de Galileo en el apartado anterior puede haber conducido a imaginarle como un mártir: obsesionado en cubrir las deudas familiares, a merced de un trabajo que le agobiaba y sin posibilidades de pensar en sí mismo.

Galileo hubiese podido morir de no haber sido atendido por el médico Girolamo Fabricio.

Nada de esto. Disponía de un tiempo para divertirse y enamorarse. Mucho se ha escrito sobre sus relaciones con la veneciana Marina Gamba, una prostituta espléndida de carnes, hermosa y seis años menor que él, la cual le fue fiel mientras estuvieron relacionándose. Nunca vivieron juntos como un matrimonio civil. Al parecer se conocieron en el "Ramo d'Oca", donde ella había mantenido tratos carnales con hombres muy importantes, entre los que podemos mencionar a Sagredo y a otros amigos del catedrático de matemáticas.

Tan ardiente pasión dio estos frutos: en 1600 nació Virginia; en 1601, Lidia, y en 1606, Vincenzo. Ninguno de ellos fue reconocido por su padre hasta pasados unos años; sin embargo, tuvieron como padrinos a algunos de los criados de Galileo. También vivieron cerca de la casa de éste, ya que corría con todos los gastos.

Las gentes de Venecia eran muy liberales en las cuestiones de la moral. A nadie se le preguntaba por su vida extraconyugal, los hijos bastardos terminaban por obtener los mismos derechos que los legítimos y se consideraba el "valor" de los hombres por el número de concubinas o amantes que mantenían.

También escribió poesía satírica

Debemos reconocer que este poema satírico pertenece a Galileo, pero ignoramos cuándo lo escribió. El estilo se parece bastante a algunos de los madrigales de su padre. Como se puede entender, falta la graciosa rima escrita en italiano popular:

Una esposa se dolía ante sus padres
porque su marido estaba poco armado
y, como se negaba a satisfacer sus deseos,
se hallaba dispuesta a ponerle pleito,
y afirmaba que la engañaron a propósito
y debieran cambiarle de marido.
Otros, que de armamento andan sobrados,
dan con mujer de tan pequeña entrada
que no hay lugar allí para sus herramientas.
Así queda la esposa entristecida.
Pero antes se veía con gran distancia
la proporción entre uno y otro sexo

antes de que llegaran a tocarse.
No había miedo al mal francés entonces,
porque, todos desnudos en el campo,
quien lo tuviera lo mostraba a otros,
y si mujer había con defectos
los tenía cubiertos solamente
por tres o cuatro hojas de castaño.
Y así no se engañaba a las personas
como se ve que las engañan ahora
en cuanto uno se fija bien en todo:
porque la mujer, vista de por fuera,
si la tientas un poco bajo el paño
la encuentras como caja de Pandora.
Y así, pues, todo fraude y todo embuste
no nacen más que de una sola causa,
que es el andar vestido el año entero.

Antes de dejar este apartado, conviene resaltar que en aquella época la moral, en lo que se refiere a las cuestiones carnales, era muy distinta a la nuestra. Ya hemos escrito sobre los bastardos, las queridas y la vida licenciosa. Todas las ciudades y aldeas contaban con su burdel, se mencionaban los órganos sexuales con sus términos más vulgares y las insinuaciones lujuriosas ofrecían mayor procacidad que este poemita de Galileo. Sólo debemos recordar los cuentos de Boccaccio, al que le salieron por aquella época miles de imitadores en toda Europa, sin que fueran llevados a la hoguera por la Inquisición. Algo muy distinto era el trato que se daba a los científicos que se atrevían a desafiar las Sagradas Escrituras.

No fue un buen padre

Sentimos el deseo de disculpar a Galileo como padre, debido a que se hallaba agobiado por su papel de "patriarca" de una familia de egoístas y aprovechados, en la que destacaba Giulia, su madre, como la más exigente a la hora de reclamar que se le pagaran unas deudas abusivas.

La cruda realidad es que el genio matemático recurrió a su amigo el cardenal Bandini para que, sirviéndose de unos votos monásticos especiales, fuera recluyendo a Virginia y a Livia como monjas. La primera ingresó cuando acababa de cumplir los catorce años, y la segunda a los doce. Cierto que se encontraban en Arcetri, a poca de distancia de Florencia, lo que nos lleva a suponer que su padre pudo ir a visitarlas con frecuencia.

Respecto a Vincenzo, su hijo, terminaría por dejarlo bajo la custodia de Cosme II, duque de Toscana, aprovechando que había sido discípulo suyo y que por aquellos tiempos se había convertido en su mecenas. Pero estamos mencionando unos sucesos de 1609 y años posteriores, cuando el tiempo de nuestra biografía discurre por el 1594. Vamos a recuperarlo.

CAPÍTULO IV

AÑOS DE TRIUNFOS Y SOBRESALTOS

La Iglesia sólo aceptaba el geocentrismo

A medida que Galileo se fue librando de las cargas económicas, dado que estaba ganando lo suficiente, pudo centrarse en nuevos estudios. Por aquellos tiempos, tomando como referencia las teorías aristotélicas pasadas por el tamiz de Santo Tomás de Aquino y de otros, se creía que la Tierra era el centro del universo, un ángel la hacía girar sobre su propio eje cada veinticuatro horas y a su alrededor daban vueltas el Sol y los planetas.

Esta teoría geocéntrica se había mantenido más de dos mil años. Quizá su mayor impulsor fuese el matemático griego Tolomeo, que en su monumental obra "Síntesis o manual de Astronomía" reunió todo el saber de su tiempo, es decir, de la mítica Atenas. Después de que los árabes la tradujeran con el nombre de "Almagesto", se convertiría en la Biblia astronómica de toda la Edad Media. Con esto se continuó respaldando la gran autoridad de Aristóteles para aceptar el geocentrismo como la única teoría valida para la Iglesia del siglo XVI. No tardaremos en ir comprobando las fatales consecuencias que la absurda negación de lo evidente, de una verdad probada por la investigación racional, iba a provocar.

Copérnico, el "gran revolucionario"

Todos los intelectuales que podían ser considerados "librepensadores", entre los que destacaba Galileo, se sintieron conmocionados al saber que Giordano Bruno acababa de ser detenido por la Inquisición. Se le acusaba de haber planteado la teoría de que el centro del universo era el Sol y no la Tierra. A la vez que hablaba de la existencia de infinidad de universos formados por estrellas y galaxias de proporciones infinitas.

Esta teoría tan "revolucionaria" contaba con un verdadero padre: el polaco Copérnico. A partir de 1597, el activo catedrático de matemáticas de la Universidad de Padua debió interesarse por el tema, al verse obligado por las muchas cartas que estaba recibiendo de sus alumnos. Como ocurría siempre que se apasionaba por un tema, se entregó a estudiarlo en profundidad. Y a medida que lo hacía, se iba convenciendo de que se encontraba frente a una de las verdades incuestionables.

Las investigaciones de Galileo encontraron un gran estímulo al recibir el libro "Mysterium cosmographicum" del alemán de veintinueve años Johannes Kepler, que era profesor en una escuela protestante de Graz. Esto dio pie a una apasionada correspondencia, en la que se evidenciaba la fe del genio pisano en la teoría copernicana, pero, a la vez también, el miedo que sentía a escribir sobre el tema. Kepler le animó a que lo hiciera, y hasta se comprometió a publicar el texto en su país.

Galileo no respondió a esta oferta, porque recordaba la detención de Giordano Bruno al defender una teoría parecida. Por otra parte, se enfrentaba a un nuevo reto mecánico que podía brindarle unos grandes beneficios económicos.

Un ingenio para regar

En febrero de 1594, Galileo patentó en Venecia un ingenio para regar utilizando un solo caballo. Servía para elevar el agua. No se tiene una gran información sobre la máquina en cuestión, excepto lo que escribió Nicolás Fabri de Peiresc, que la vio funcionar en 1604.

Esto viene a demostrarnos que la mente del catedrático de mecánica no permanecía quieta. Como todo "hombre universal", heredero del Renacimiento, podía cubrir grandes campos de la ciencia. Especialmente, en busca de nuevos ingresos. No creemos que ganara mucho con este ingenio hidráulico. Pero sí lo conseguiría con el siguiente.

El compás geométrico inventado por Galileo podía ser utilizado, a la vez, como regla de cálculo.

El compás geométrico militar

El general Del Monte acababa de proponer a su amigo Galileo la invención de un compás de sencillo manejo para la artillería. El que se venía utilizando resultaba pesado, impreciso e incómodo. Curiosamente, había sido fabricado por Guidobaldo del Monte, un familiar del jefe militar que había recurrido al catedrático de matemáticas. En seguida éste se entregó a la tarea.

Lo resolvió sirviéndose de la geometría. Cuatro meses más tarde, pudo ofrecer un ingenio de bronce, de un peso liviano, fácilmente adaptable a los cañones por medio de dos brazos ajustables y una charnela, que estaba provisto de un cuadrante para medir la altura. La mayor ventaja que ofrecía era que el artillero podía leerlo fácilmente, al estar colocado en un lateral del cañón en lugar de ante el ánima.

Resultó muy práctico para los ingenieros, al permitirles solucionar con gran rapidez una gran variedad de problemas y cálculos. A los especialistas de hoy día asombra cómo pudo Galileo solucionar dificultades de cálculo que necesitaban el empleo de los logaritmos, cuando éstos los descubriría el matemático inglés Nepper unos años más tarde.

El ingenio se utilizó en el terreno militar hasta principios del siglo XX, debido a que resolvía los problemas entre el peso y las dimensiones del cañón. Así se regulaban los desplazamientos frontales y laterales de los ejércitos, o se medía la inclinación de un terraplén o de cualquier obstáculo montañoso. Actualmente, se emplea en distintos juegos geométricos.

Como todo buen negociante, acaso imitando a su padre en la labor de comerciante de tejidos, Galileo regaló su compás a varios de los personajes más importantes de Venecia y de los estados cercanos. Y en seguida comenzó a recibir pedidos, que su mecánico Mazzoleni se encargó de ir cubriendo. Además, el ingenio fue aplicado a la agrimensura y a otros usos civiles, después de modificarlo un poco.

Puede decirse que los mayores ingresos llegaron con el entrenamiento de quienes iban a utilizar el compás, ya que necesitaban dos o tres días para dominarlo. Todos ellos pagaban ciento veinte liras.

Acusado de plagio

Cuando Galileo publicó un librito titulado "La fabricación del compás geométrico militar", se lo dedicó al gran duque Cosimo de Médicis. Lo escribió en italiano para que pudieran adquirirlo un mayor número de personas. Semanas más tarde, se vio acusado de plagio por un joven milanés llamado Baldassare Capra. El delito era muy grave en aquellos tiempos. En seguida se arrojaron sobre el orgulloso pisano los enemigos que le acechaban, porque envidiaban su facilidad para haberse ganado la alianza de los hombres más poderosos y, sobre todo, por el mucho dinero que estaba obteniendo.

Antes de que se iniciara el juicio, se pudo comprobar lo fácil que iba a ser enfrentarse al imprudente Capra: de acuerdo a su escrito acusatorio, él había construido el compás a finales de 1596. Y eran muchos los que recordaban que Galileo mostró su proyecto seis meses antes. Además, el mismo Galileo no habia olvidado que aquel joven imprudente fue uno de los primeros alumnos a los que enseñó el manejo del compás.

Con la ayuda de Sagredo, Mazzoleni, fray Paolo Sarpi y el general De Carlo, ante el tribunal se pudo demostrar que el acusador había tenido en sus manos uno de los primeros compases. Esto le permitió fabricarlo en pocas semanas, escribir un librito y, luego, presentar la demanda por plagio.

La sentencia de los jueces, a los que se llamaba Reformadores del Studio de Padua, fue que a Capra se le expulsara de la ciudad, se confiscaran todos los ingenios que había fabricado y corriera con las costas del juicio.

Galileo ya era más rico

Pero Galileo no quedaría satisfecho, al haber comprobado que una burda farsa, tan fácilmente desmontable, contó con el apoyo de gente demasiado influyente. Sus verdaderos enemigos. Algunos de ellos catedráticos de la Universidad de Padua. Por fin pudo dar el nombre del verdadero instigador: Simon Mayr, un alemán fabricante de mecanismos para la industria militar.

Las consecuencias de este suceso quedaron expuestas en el libro de Galileo "Defensa contra las calumnias e imposturas de Baldassare Capra". Era tanta su furia que llamaba a éste *el basilisco que escupe veneno*.

No creemos que la ingrata experiencia le volviera más prudente. Lo que sí sirvió para hacerle más rico, hasta el punto de que cambió de casa. Se instaló en un edificio de tres plantas, que estaba situado a espaldas de la basílica de San Antonio, y ocupaba el centro de Via Vignale del Santo. Allí podían vivir cómodamente más de cincuenta personas. Esto permitió dar hospedaje a una veintena de alumnos, todos los cuales eran hijos de nobles y burgueses de toda Europa que no discutían los altos precios. Lo que les importaba era encontrarse al lado de uno de los más famosos catedráticos que, a la vez, se comportaba como un gran sibarita: a estos alumnos privilegiados nunca les faltaban los mejores manjares, los buenos vinos y alguna velada musical, en la que Galileo tocaba en ocasiones el laúd o el órgano. Casi siempre sirviéndose de los madrigales de su padre.

Otra de las peculiaridades del gran edificio era su amplio jardín, en el que Galileo instaló un pequeño huerto que él mismo cuidaba. Se encontraba cerca del taller de Mazzoleni, quien residía allí con toda su familia.

Si a lo anterior añadimos que la Universidad de Padua le prorrogó el contrato por otros siete años más, podemos comprender que se sintiera bastante dichoso. Ya no recibía cartas amenazándole con la cárcel, porque había pagado las deudas de su familia, sus amigos cuadruplicaban el número de sus enemigos y estaba considerado como uno de los intelectuales más famosos de Europa. Se hallaba en la cima de la montaña; pero le esperaban cumbres más altas... ¿Sufriría de vértigo al llegar a una de éstas?

Un catedrático excepcional

Se sabe que Galileo era tan solicitado por los estudiantes, que en la Universidad se habilitó un salón con capacidad para dos mil personas con el fin de atender las solicitudes. Hemos de tener en cuenta que muchos de los que deseaban instruirse eran jóvenes nobles que aparecían acompañados de ayudantes y servidores. También se daba el caso de algunos aristó-

cratas que preferían mandar a un representante, para que toma-
se apuntes de las clases mientras ellos iban de caza o se divertían
de cualquier otra manera.

*Galileo era tan solicitado por los estudiantes que se habilitó en
la Universidad un salón con capacidad para dos mil personas.*

El método de enseñanza de Galileo se ha considerado
excepcional. Con una palabra de fácil comprensión, pero salpi-
cada hábilmente de tecnicismos que en seguida explicaba, mantenía la atención de los alumnos en un estado de fascinación.
Porque sabía combinar la retórica con las anécdotas. Le impor-

taba mucho romper la tensión con algunas risas que, al momento, se acallaban al elevarse el clímax de la exposición.

Por lo general, comenzaban con las opiniones más comunes, que podríamos tachar de "las establecidas", y cuando había conseguido que todos las aceptasen, comenzaba a destruirlas con argumentos muy sólidos. Pocas veces formulaba una afirmación "rotunda" sin antes haberla comprobado.

Esto nos permite comprender cómo un gran número de sus alumnos le fueron fieles hasta el último momento. Y unos pocos se convertirían en sus ayudantes, sus valedores y hasta sus mecenas.

Inventó el termómetro

Galileo inventó el termómetro gracias a una de sus geniales intuiciones. Construyó un tubo con una ampolla, en la que introdujo aire o agua. También contaba con un recipiente para el líquido. Como en este instrumento no se podían distinguir las variaciones de la presión atmosférica o las alteraciones del calor y el frío, debido a que faltaban las necesarias mediciones, las incorporaría Rinieri, en 1646, a la vez que aislaba el agua herméticamente en el cristal. Sin embargo, el termómetro moderno se lograría al reemplazar el líquido por mercurio en 1670.

Otro de los grandes hallazgos de Galileo consistió en servirse de las propiedades que ofrece la magnetita y esos otros elementos que son capaces de atraer al hierro. Los navegantes venían sirviéndose de unas agujas imantadas para dirigir sus embarcaciones. El médico inglés Gilbert ya había estudiado las propiedades del magnetismo. Para conseguirlo realizó experimentos respecto a la atracción magnética y eléctrica. Esto le permitió afirmar que la Tierra era un imán gigantesco, por este motivo la aguja magnética siempre marcaba una dirección norte-sur.

Otro de los descubrimientos de Gilbert había consistido en recubrir un imán con una capa delgada de acero, a la que dio el nombre de armadura. Así pudo conseguir mayor poder de atracción: un sencillo imán de seis onzas era capaz de sostener un peso de ciento sesenta onzas.

Galileo introdujo la variante de pulir la superficie de hierro, para lograr que todo el imán resultara útil. El de Gilbert presentaba el ligero inconveniente de que unas pequeñas limaduras podían inutilizar ciertas zonas del imán.

El "Año del Jubileo" comenzó asesinando a la ciencia

1600 fue declarado por el Papa Clemente VIII el "Año del Jubileo". Y todos reconocieron que el mundo se hallaba en paz, después de las grandes convulsiones del siglo anterior. Sin embargo, demasiado pronto, el 19 de febrero, los inquisidores sacaron de prisión a Giordano Bruno, para llevarle en una macabra procesión hasta Campo dei Flori. Allí sería quemado en la hoguera... ¡Por haberse atrevido a decir que la Tierra giraba alrededor del Sol!

Al reo se le ofreció la oportunidad de retractarse por medio de una declaración jurada, pero prefirió morir antes que renegar de una creencia que formaba parte de su propia integridad como ser humano. Con este inocente se cometió un verdadero asesinato contra la ciencia.

El mecenas merecía la pena, pero el clima no

En 1604, Galileo se sentía agobiado por el trabajo de profesor, sobre todo por las clases particulares. Había rechazado a muchos alumnos debido a la falta de espacio y de tiempo. Pero los que alojaba y enseñaba eran demasiados. Necesitaba más horas para sus investigaciones.

Como nunca dejaba de exponer sus dificultades a sus amigos, fray Paolo Sarpi le invitó a que visitara Mantua, donde el duque Vincenzo Gonzaga se estaba rodeando de artistas y científicos. Este personaje era un jorobado que disimulaba su complejo de inferioridad con un sentido del humor excesivo.

Al saber que el famoso catedrático de matemáticas de Padua se hallaba dispuesto a trabajar para él, se mostró muy generoso. Iba a doblarle el sueldo que cobraba en la Universidad, siempre que cumpliera las funciones de ingeniero militar. A Galileo le gustó la oferta, porque le libraría de las clases particulares.

Lo malo llegó al visitar Mantua, debido a que la ciudad amurallada estaba rodeada de pantanos. Esto suponía un clima muy húmedo, que ya en la primera noche afectó al cuerpo enfermo del genio pisano. Frente a una amenaza tan peligrosa, rechazó el ofrecimiento no sin antes exponer las verdaderos motivos. Una excelente manera de no dejar un importante enemigo a sus espaldas. Porque en seguida regresó a Padua.

La nueva estrella

Nunca sabemos cuándo puede llegar esa mano portadora de la cerilla que va a incendiar nuestro entusiasmo. Galileo se encontraba probando en su jardín una nueva máquina hidráulica de su invención. En ese momento se acercó a hablarle el sacerdote Ilario Altobelli. Venía sofocado, con los ojos cargados de ilusión y necesitado de comunicar un gran descubrimiento: acababa de asistir a la aparición de una nueva estrella. De acuerdo con las ideas aristotélicas era imposible que en el cielo pudiera ocurrir un fenómeno de tal magnitud. Sin embargo, Altobelli no se equivocaba, como tampoco infinidad de otros científicos y religiosos que habían comprobado la misma aparición. Esto situaría a la Iglesia ante un gran dilema.

Meses después, Kepler escribió un libro sobre esta nueva estrella, a la que se terminaría llamando la "Nova de Kepler", para identificarla como tal. Al mismo tiempo, voces eclesiásticas ya estaban proclamando desde los púlpitos que esa luz que había aparecido en el firmamento nunca podría ser considerada una estrella, al encontrarse situada en el espacio comprendido entre la Luna y la Tierra. Torpe manera de "adaptar" el resplandor celeste, que hasta los campesinos estaban observando, a las teorías aristotélicas que defendía la Iglesia.

¿Se iban a producir grandes calamidades?

De repente, los astrólogos cayeron en la cuenta de que se estaba dando un paralaje entre los planetas Marte y Júpiter, en medio de los cuales surgía ese resplandor. Y los más pesimistas consideraron que aquello significaba el anuncio de la llegada de grandes calamidades, como había sucedido siglos atrás con la peste negra y alguna que otra catástrofe de dimensiones continentales.

La superstición comenzó a ser manipulada tan peligrosamente, que no hubo persona con dos dedos de frente que permaneciese tranquila. La presencia de aquella estrella se convirtió en el "único tema" de conversación de los europeos, ya que el miedo alcanzó los territorios ocupados por los protestantes.

En Padua todos fijaron su atención en Galileo, porque se le consideraba un pensador independiente. Al verse obligado a dar una conferencia sobre el tema en el aula magna, investigó a fondo, sin olvidar que le iban a escuchar sus enemigos. Estaba convencido de que se hallaba ante una nueva estrella; no obstante, en las tres conferencias que pronunció procuró mostrar la confusión de las gentes y la suya propia.

Claro que lo hizo con unas palabras apasionadas, con unos silencios fascinantes y con unos razonamientos tan literarios, que los trescientos oyentes le correspondieron con unos aplausos entusiasmados. De nuevo había triunfado el gran actor, el seductor de los estudiantes. Nadie quedó insatisfecho, debido a que el orador había aportado un detalle novedoso: la Tierra y esa estrella se movían.

El éxito de Galileo llegó a tales niveles, que se vio obligado a dar otras conferencias en distintas ciudades. Siempre ante universitarios. Como hemos de comprender, nunca gratis. Se pagaban sus desplazamientos, su hospedaje en los mejores edificios y una elevada suma por la conferencia.

El hombre más popular de Venecia

El hecho de que Galileo se hubiera convertido en el hombre más popular de Venecia disgustaba a los jesuitas. Éstos nunca olvidarían que aquél fue uno de sus más "encarnizados" adversarios al unirse a quienes impidieron que la orden instalara una Universidad propia en Padua. Por eso procuraban adquirir varios ejemplares de los libros del "enemigo", al mismo tiempo que siempre enviaban a hábiles escribanos para que tomaran notas de los discursos que pronunciaba. Debían servirse de estos medios, debido a que el catedrático de matemáticas nunca leía, al preferir hablar directamente siguiendo un breve esquema que casi nunca miraba.

Los jesuitas esperaban que cometiese algún error, y ya le habían "atrapado" en algunos: eso de que la Tierra y la estrella se movieran, su costumbre de ironizar sobre el comportamiento de los eclesiásticos y varios anónimos contra los sacerdotes que utilizaban las cátedras para predicar en lugar de enseñar. No podían denunciarle ante los tribunales de la liberal Venecia, pero alguna vez abandonaría esta república.

CAPÍTULO V

¡DE PRONTO, GALILEO SUPO QUE EXISTÍA UN "TUBO MÁGICO"!

Un duelo entre catedráticos

En 1604, Galileo se enfrentó "amigablemente" a uno de sus mayores rivales universitarios. Éste se llamaba Cesare Cremonini, era catorce años más joven que él, ocupaba la cátedra de filosofía natural y creía en las teorías de Aristóteles. Por medio de unos libros, en los que intervenían unos personajes que dialogaban sobre temas científicos, los dos rivales entablaron un duelo formidable, que se convirtió en toda una atracción universitaria.

Porque si Cremonini ponía en tela de juicio esa "idea absurda" de la nueva estrella, a la vez que mantenía las teorías aristotélicas porque no podían ser "entendidas por un matemático", Galileo le replicaba con el razonamiento de que *hasta un campesino es capaz de ver lo que está en el cielo, ya que lo que sucede ante cualquiera, eso que nadie puede discutir jamás ha de ser disfrazado con unos razonamientos filosóficos.*

El resultado de este enfrentamiento fue que la Universidad de Padua quedó dividida en dos bandos, siendo más numeroso el que apoyaba a Galileo. No obstante, la "sangre nunca llegó al río", como lo prueba el hecho de que Cremonini terminase respaldando, más adelante, la solicitud de su "contrincante" para que se le anticipara el sueldo de todo un año.

La mecánica del movimiento (1.ª parte)

Entre 1602 y 1609 Galileo se dedicó esporádicamente al estudio de la mecánica del movimiento. Por sus cartas sabemos que iba avanzando muy despacio. El 16 de octubre de 1604 escribió a fray Paolo Sarpi en relación con la caída de los graves:

Investigando las cuestiones del movimiento, en lo que para probar los incidentes contemplados por mí carecía de una base completamente indudable para conseguir presentarlo como un axioma, he de servirme de una proposición que resultase muy natural y, apoyándome en la misma, demostrar luego todo lo demás. Me refiero a que los espacios recorridos por los movimientos naturales ofrecen una proporción doble de los tiempos, y por consiguiente que los espacios recorridos en tiempos idénticos hemos de verlos como los números impares ab unidades, y lo demás. Y el principio es éste: que el móvil natural va incrementando su velocidad en la proporción en que se distancia del origen del movimiento.

La mecánica del movimiento (2.ª parte)

El razonamiento anterior significa que el incremento se producía en proporción directa a la distancia del punto inicial de la caída. La importancia de este descubrimiento la demuestra con toda claridad Ludovico Geymonat en su libro "Galileo Galilei":

"Para comprender el enorme significado científico de la nueva mecánica de Galileo, será conveniente preguntarse ante todo en qué reside la principal divergencia entre ésta y la mecánica de Aristóteles. La respuesta puede resumirse así: Aristóteles admitía la existencia de dos movimientos naturales (uno hacia abajo, de la tierra y el agua, y otro hacia arriba, del aire y del fuego); para Galileo, en cambio, existe sólo un único movimiento natural: el movimiento hacia abajo. En otras palabras: según él todo cuerpo es grave y por consiguiente tiende naturalmente (a consecuencia de su gravedad) a caer hacia el centro de

la Tierra; si algunos cuerpos ascienden en vez de caer es únicamente porque se hallan inmersos en un medio que al poseer un
mayor peso específico los empuja hacia arriba según el principio
descubierto por Arquímedes. Sin embargo, también ellos (inclu-
yendo el aire y el fuego), de no hallarse inmersos en cuerpos de
mayor peso específico, mostrarían su tendencia natural a caer
hacia abajo. De ahí la importancia de la ley sobre la caída de los
graves, que se presenta como válida para todos los cuerpos, esto
es, como provista de una auténtica *universalidad* (Galileo no utiliza sin motivo la expresión "movimiento natural" para indicar,
sin más, el movimiento de la caída libre de los graves).

*Galileo con sus escritos sobre el movimiento comenzó a abrir
las puertas a la investigación analítica.*

El carácter propio de Arquímedes de la concepción que acaba de ser descrita es evidente; ello confirma la influencia del antiguo pensador de Siracusa, sobre el iniciador de la mecánica moderna. Hay un punto, no obstante, en que Galileo supera claramente la ciencia arquimédica: mientras que ésta solamente había aplicado la matemática a los fenómenos estáticos, la ciencia de Galileo consigue aplicarla también a la dinámica. Y lo más singular —a ojos de Galileo y de sus contemporáneos— era lo siguiente: la nueva mecánica descubre la existencia de una regularidad 'aritmética' en la caída de los graves ('los espacios recorridos en tiempos idénticos son como los números impares *ab unidad*'). ¿Cómo negar la fascinación de una ley así, en la que los científicos del siglo XVII veían reaparecer el eco del pitagorismo más antiguo?

No es posible relatar aquí, por evidentes límites de tiempo, las diversas etapas atravesadas por Galileo para llegar a esa sistematización racional perfecta de las leyes sobre la caída de los graves, que será el más notable resultado de su obra científica principal ('Discursos y demostraciones matemáticas alrededor de dos nuevas ciencias'). Basta recordar que en su obra juvenil *De motu*, de la que hablamos anteriormente, Galileo creía todavía que el movimiento de la caída se aceleraba solamente en los primeros momentos, es decir, sólo hasta el instante en que el cuerpo en movimiento alcanzara la velocidad que le fuera propia (velocidad proporcional al peso del cuerpo); a partir de ese momento su velocidad debería ser constante. El abandono de esta concepción le obligó a un notable esfuerzo de penetración científica, exigiendo renunciar al antiguo principio según el cual todo cuerpo que cae libremente hacia la tierra habría de poseer una velocidad específica suya —distinta en cada cuerpo—, proporcional al peso del cuerpo mismo."

Tiene mucha razón Geymonat, ya que para exponer todo lo que Galileo consiguió en el terreno de la mecánica de los movimientos necesitaríamos varios cientos de páginas. Sólo con esta investigación merecería la calificación de genio. Pero logró mucho más en otros campos de la ciencia.

Enfermó por la codicia de sus familiares

En 1605, Galileo cayó enfermo por culpa de los disgustos. De nuevo sus familiares habían gastado más de lo debido y le estaban exigiendo cantidades imposibles de cubrir. Ante la amenaza de ir a la cárcel, en el caso de que se le ocurriera volver a Florencia, debió recurrir a Sagredo para que actuase como su valedor. Y la intervención de un personaje tan adinerado avivó la codicia de algunos cuñados, hasta el punto de recordar los intereses de algunas deudas ya vencidas.

Por fortuna, el acosado encontró una vía de escape al solicitarle la duquesa Cristina de Toscana que enseñara a su hijo Cosme el manejo del compás militar. La petición vino acompañada de un alto anticipo, que sirvió para calmar la voracidad de aquellas fieras que nunca se cansaban de reclamar un dinero que no se merecían; pero como contaban con la ayuda de astutos abogados, jamás faltaba un juez que atendiera la denuncia contra el infeliz "patriarca".

Galileo resultó tan buen profesor del joven Cosme, que se le pidió que le siguiera impartiendo lecciones a lo largo del verano. Al mismo tiempo, todos los litigios florentinos eran retirados por la intervención de los poderosos amigos de aquél. ¿Se pagaron las deudas o se provocó que los demandantes olvidaran sus pretensiones al demostrarles que eran unos aprovechados? No se sabe.

Un fallido intento de escapar de Venecia

Antes de que el genial pisano volviera a Padua, se enteró de que en Venecia las autoridades no le veían con buenos ojos por defender la teoría de la nueva estrella. Esto le llevó a buscar unas sólidas recomendaciones, para que se le renovara el contrato en la Universidad.

Y temiendo lo peor, intentó ganarse el favor de los Médicis, aunque supusiera volver a Florencia. Sin embargo, no se respondió a su carta, ni a la dedicatoria a Cosme II que incluyó en la primera página de su librito sobre el compás militar.

Sin embargo, el destino volvería a sonreírle. En Venecia se produjo un cambio político, en el que tuvo mucho que ver Paolo Sarpi, el sacerdote amigo del famoso catedrático de matemáticas. Todo un gran diplomático, mejor científico y superior investigador médico. Se le consideraba descubridor de las válvulas de las venas, las oscilaciones de las pupilas y la desviación polar de los imanes. Amante de la óptica, la química y la metalurgia, había ayudado a Galileo en la fabricación del compás militar.

La singularidad de este religioso debemos localizarla en su propia condición: estaba en contra de que el Vaticano se dedicara a la política, era enemigo de la Inquisición y no le importaba leer los libros prohibidos. Tres veces había rechazado el cargo de obispo. Pero sí aceptó ser el teólogo de Leonardo Dòna, el nuevo dux de Venecia, que era el jefe del partido anticatólico.

Venecia fue excomulgada

La reacción del Vaticano ante el nuevo gobierno de Venecia fue apocalíptica, valorada dentro del plano espiritual. El Papa Pablo V el 17 de abril de 1606 excomulgó al dux y a todos los componentes del Gobierno veneciano. A cada uno de éstos se les concedió dos semanas para que se retractaran de su anticatolicismo. Mientras tanto, se prohibía la celebración de misas y de todos los sacramentos: bodas, bautizos, extremaunciones y confesiones, los otros ritos quedaron anulados.

La respuesta de los afectados fue de no ceder, porque se consideraban una república soberana. Harían frente al Vaticano hasta con las armas, si era preciso. La mayor dificultad se presentó al convencer a los sacerdotes para que desobedecieran al Papa. Pero todos cedieron al ser amenazados de muerte. Sólo se negaron los jesuitas, la mayoría de los cuales abandonaron Venecia.

Sarpi, el enemigo del Vaticano

Mientras la amenaza de guerra se hacía cada vez más inminente, al ponerse el reino de España a favor del Vaticano mientras el de Francia apoyaba a Venecia, Galileo volvía a renovar su contrato con la Universidad de Padua. Se le subió el sueldo anual unas cien coronas, lo que no le dejó muy satisfecho al enterarse de que a Cremonini se lo incrementaron en mil coronas.

En 1606 el Papa excomulgó a toda la república de Venecia.

Menudencias económicas frente al verdadero drama al que se estaba enfrentando el amigo Sarpi. Éste se había convertido en el objetivo del Vaticano por su condición de sacerdote. Después de haber sufrido amenazas de todo tipo, se le invitó a visitar Roma. Y como lo consideró una trampa, ya que existían precedentes de "incautos que obedecieron la voz del pastor y, al final, se vieron llevados a la hoguera", decidió seguir en Venecia.

Asesinos pagados por el Vaticano

Meses después, la amenaza de guerra desapareció. Un buen momento para que Galileo se concentrara en sus investigaciones relacionadas con la mecánica, los imanes, las poleas, las temperaturas, la inercia y las bases de la caída libre de los cuerpos. No obstante, su interés principal no podía apartarse de su amigo Sarpi.

Ya sabemos que éste era un historiador. Al encontrarse en una situación tan privilegiada, solicitó permiso para consultar los archivos de la Inquisición que se guardaban en Venecia. Esta documentación había sido prohibida hasta a los senadores; pero a él se le dejó examinarla. Y de esta manera pudo enterarse de unas atrocidades que no por haberlas intuido dejaron de impresionarle hasta la náusea.

Cuando decidió publicarlas, comenzó a correr por Venecia el rumor de que el Vaticano había pagado a unos mercenarios para matarle "a toda costa". Semanas después, los frustrados homicidas fueron capturados por la policía. Uno de ellos era un sacerdote, y la recompensa que se les había prometido se elevaba a las ocho mil coronas.

Sarpi debió aceptar una pequeña protección. Lo que no abandonó fue su propósito de seguir investigando en las actas de la Inquisición. Hasta que la noche del 7 de octubre, un incendio forzó a que los guardias que acompañaban al teólogo le abandonasen para ir a prestar ayuda.

Pasadas unas horas, Sarpi decidió seguir el camino en compañía de su criado y un viejo amigo. Cuando estaban subiendo las escaleras del Ponte della Pugna, fueron atacados por cinco sombras acechantes. Cada una de ellas blandía un cuchillo, que clavaron en su víctima: en la oreja, en la sien derecha, en la mandíbula y en otras partes del cuerpo.

Después escaparon, convencidos de que acababan de cumplir el encargo homicida. Pero habían fracaso parcialmente, tal vez más porque el herido fue socorrido de inmediato por Acquapendente, el famoso médico que cuidaba de Galileo, y pudo salvarle la vida. Para conseguirlo necesitó de su pericia como cirujano, unida a tres semanas de vigilar en la misma cabecera de la cama a quien muchas veces se encontró en los últimos espasmos de la muerte.

En la República de Venecia todos culparon al Vaticano del atentado. Pasados unos meses, se pudo reconstruir la huida de los fallidos criminales, se supo que se encontraban en Roma y que su cabecilla había sido otro sacerdote.

Un invierno de nieves casi eternas

Galileo se alegró de que su amigo Sarpi siguiera con vida, lo que no le gustó tanto fue que Venecia hubiese perdido la libertad. Había demasiados policías por todas partes ante el temor de que se produjeran otros atentados. La república se hallaba cercada, y sólo podía mantenerse gracias al comercio marítimo.

Esto le llevó a buscar nuevos apoyos en Florencia. Escribió a la gran duquesa Cristina, pero no obtuvo la respuesta que esperaba. Volvió a insistir ante la perspectiva de que Cosme II, su ex alumno, asumiera el gobierno. Tampoco le dio resultado.

Encima el invierno en Padua se estaba convirtiendo en una verdadera pesadilla. La nieve no dejó de caer durante casi tres meses, y al helarse los viñedos los campesinos creyeron que estaban sufriendo un castigo divino.

En marzo de 1608, el alcalde Tommaso Contarini ordenó que todas las gentes de la ciudad, hasta los niños y los ancianos, salieran de sus casas con el fin de retirar la nieve para llevarla a los ríos y canales. Se amenazó con fuertes multas a quien no interviniese en la gran limpieza.

La situación empezó a complicarse cuando alguien propuso encender grandes hogueras para derretir antes los hielos. Con esto se formaron tales humaredas, que la atmósfera se hizo irrespirable. El peor ambiente para Galileo, que nunca había dejado de sufrir problemas respiratorios.

La separación de un gran amigo

Ante la llegada de la primavera, el sol se instaló con fuerza en el cielo y todas las calamidades físicas se fueron desvaneciendo. Como los males y los bienes parecen venir como las cerezas, al fortalecimiento de la salud del catedrático de matemáticas se unió una carta de la duquesa Cristina, en la que le proponía su intervención como ingeniero en la construcción de un paseo de madera en las orillas del Arno.

La única tristeza de este periodo fue el viaje de Sagredo a Siria como diplomático. Allí permanecería unos tres años, sin que pudiera mantener una correspondencia fluida con sus amigos, debido a que cualquier carta tardaba seis meses en llegar a su destino, siempre que las caravanas y los barcos no fueran asaltados por bandidos de tierra y agua.

La primera noticia de unas lentes de aumento

En 1609, Galileo ya contaba cuarenta y cinco años, sabía que se hallaba en la plenitud de su vida y seguía esclavizado por culpa del dinero. Ganaba lo suficiente para considerarse rico, especialmente porque sus alumnos eran nobles, no los hijos de éstos como antes, y hasta reyes. No obstante, debía cubrir los gastos de Marina, de sus tres hijos y de toda su familia.

Mientras esperaba dar con el invento que le permitiera superar definitivamente todos sus apuros económicos, realizó un viaje rutinario a Venecia. Mientras paseaba por los canales, al llegar a uno de los desembarcaderos se encontró con un amigo, lo que supuso un alivio. Hablaron de infinidad de temas, hasta que se tocó la existencia de unas lentes de aumento fabricadas en Holanda.

El maravilloso telescopio de Galileo.

Las palabras del amigo sonaron a algo intrascendente, opinión que Galileo no compartió. En seguida comenzó a formular preguntas y, al considerar que le faltaba la información imprescindible, dijo que iba a escribir a sus conocidos de Rotterdam. Entonces, su interlocutor le contó que había visto uno de esos ingenios en Venecia:

—Tienen la forma de tubo, llevan en el interior unas lentes y permiten ver a un hombre que se encuentre a tres o cuatro kilómetros de distancia como si lo tuvieras a tu lado.

El entusiasmo de un genial investigador

La mente del investigador se iluminó. Pronto supo que el inventor de aquel prodigio se llamaba Hans Lippershey, y que no se le había concedido la patente del mismo al considerar que no debía ser comercializado. El conde Mauricio de Nassau lo valoró como un arma secreta y prohibió su difusión. Sin embargo, como hemos podido saber, ya era conocido en muchos países de Europa. Hasta se contaba que en París se vendía como un juguete para los niños.

Galileo mantuvo unas apasionadas conversaciones con sus amigos científicos. La conclusión que obtuvo es que el ingenio debía basarse en los principios de la perspectiva. Y ya estaba dispuesto a fabricar uno similar, cuando le contaron que el inglés Thomas Harriot estaba realizando un mapa de la Luna gracias a ese "tubo de aumentos".

Creemos que maldijo al saber que alguien se le había anticipado. Peor fue su reacción al entrevistarse con Sarpi, que ya estaba completamente restablecido. Porque éste le contó que hacía más de ocho meses que disponía de un informe secreto, en el que se mencionaba ese invento. Sin embargo, no consideró que ofreciese ninguna importancia.

—¿Cómo es posible que reaccionaras de esa forma siendo un especialista en óptica? —exclamó el catedrático de matemáticas, sin poder contenerse.

—Tranquilízate, amigo mío —suplicó el teólogo—. Ahora mismo te entregaré el informe que me enviaron.

Galileo estaba dominado por la frustración del inventor que está convencido de que alguien se le ha anticipado, cuando él se hallaba a punto de obtener el mismo resultado. Una noche de descanso le permitió reflexionar. Podía fabricar un artilugio de las mismas características con los datos que le habían proporcionado.

Un repaso a la historia de las lentes

Desde mediados de la Edad Media se venían fabricando lentes para mejorar la vista. No obstante, como los científicos eran incapaces de explicar sus propiedades, fueron consideradas unos objetos "mágicos" o juguetes caprichosos.

Todo cambió a mediados del siglo XVI cuando Giovanni Battista della Porta en su libro "Magia natural", publicado en 1589, trató el tema de la óptica. Volvería a estudiarlo en otra obra, "La refracción". Kepler se encargaría en 1604 de explicar las propiedades de las lentes.

Se cree que el primer anteojo lo construyó un artesano italiano en 1590, pero le concedió escasa importancia. No opinarían lo mismo dos holandeses, ya que lo copiaron. Pero eran unos ópticos que trabajaban fuera del gremio oficial y jamás consiguieron interesar a nadie. Hasta que alguien corrió la voz por toda Europa. Así llegó a oídos de Galileo.

CAPÍTULO VI

"EL MENSAJERO SIDERAL"

Alguien se podía anticipar

La misma mañana que Galileo estaba trazando el plano del ingenio óptico, uno de sus criados le comentó que se esperaba la llegada a Padua de un holandés que traía un aparato al que llamaba "catalejo". Esto supuso un incentivo más para quien no paralizaría su proyecto ni aunque se produjera la mayor catástrofe en la ciudad.

Sabía que debía construir un tubo de metal, en cuyo interior iba una lente convexa... ¿O serían dos? Recordó que con una sola las imágenes quedaban deformadas por efectos de la refracción. Pidió a un vidriero que le proporcionara varias de diferentes grosores y que fueran cóncavas y convexas.

Una vez en su estudio, se entregó a combinarlas hasta conseguir nueve aumentos. No conforme con este resultado, cortó más los cristales hasta que obtuvo diez aumentos. En seguida realizó el diseño definitivo, que al día siguiente llevó al artesano que lo iba a construir. Pagó por el mismo veintiuna liras.

En su libro "El mensajero sideral" expone todo el proceso de esta manera:

Preparé primero un tubo de plomo, en cuyos extremos coloqué dos lentes de cristal, planas ambas por una cara, mientras que por otra la primera era convexa y la segunda cóncava.

Después puse mi ojo junto a la lente cóncava y observé los obje-
tos tres veces más próximos y nueve veces más grandes que a
simple vista. En seguida construí otro más perfecto, que mos-
traba los objetos aumentados más de sesenta veces. Por último,
sin ahorrar trabajo ni gastos, conseguí construir por mí mismo
un instrumento tan excelente que a través de él los objetos pare-
cen cerca de mil veces mayores y más de cuarenta veces más
próximos que cuando los contemplamos a simple vista.

La oportunísima ayuda de Sarpi

Antes de encargar la construcción de su catalejo,
Galileo se había encargado de enviar a Sarpi un mensaje secreto. Y éste procuró retrasar la entrevista del holandés con las
autoridades venecianas. De esta forma, el 20 de agosto el "tubo
mágico" (su fabricante lo llamaba *cannocchiale* o anteojo) fue
presentado al dux y a todos los hombres más importantes, entre
los que destacaban los grandes sabios que dirigían la marina de
guerra.

Una vez apareció Galileo, todos marcharon a pie hasta
la torre de San Marcos. En la zona más alta de la misma, el dux
se colocó el catalejo en el ojo derecho y cerró el izquierdo...
¡Entonces pudo contemplar la cúpula de Santa Giustina, que se
encontraba en Padua, o sea a treinta kilómetros de distancia,
como si la pudiera tocar!

Dominado por el entusiasmo, siguió mirando hacia
Treviso, Choggia y Conegliano, que se hallaba a unos ochenta
kilómetros... ¡Aquello era milagroso! Lo mismo opinaron todas
las demás personalidades, casi peleándose como niños para
comprobar la maravilla.

Un comentario sobre quien fue privado del triunfo

Si hemos de ser sinceros, no podemos olvidar el catalejo del holandés. Porque si él hubiera podido mostrárselo a las
autoridades venecianas, estamos convencidos de que hubiese
obtenido el mismo triunfo que Galileo. Pero éste y Sarti manio-

braron políticamente, con el fin de que el beneficiado por la fortuna fuese un catedrático de matemáticas al servicio de la República.

En la torre de San Marcos el dux de Venecia y los senadores quedaron maravillados al mirar por el "tubo mágico".

Al mismo tiempo que el burlado se alejaba arrastrando su fracaso, Galileo se encontraba con la promesa de recibir un sueldo anual de mil coronas, una gratificación de cuatrocientas y el nombramiento de profesor vitalicio de la Universidad. Días más tarde, todos los miembros del Senado aprobaron las recompensas. De esta forma el inventor del "tubo maravilloso" se convirtió en el hombre más importante de Venecia.

Padua ya le ahogaba

Galileo era pisano o florentino. Padua le ahogaba, por lo que comenzó a escribir cartas para que los Médicis le proporcionasen una ocupación. Y de nuevo el destino jugó a su favor, ya que con la muerte de Ferdinando I, su hijo Cosme heredó el ducado.

Lo que no pudo imaginar es que su "tubo maravilloso" le iba a encadenar gozosamente al cielo. Aquella misma noche, estuvo examinando los edificios más lejanos, hasta que se le ocurrió apuntar a la Luna... ¡Entonces lo que vio le dejó anonadado!

¿No se había escrito que la superficie lunar era completamente lisa?

Pero él estaba contemplando un suelo rugoso, provisto de una especie de cráteres y ondulaciones. El descubrimiento le pareció tan importante, ya que destruía todas las teorías de la época, que las noches siguientes prosiguió sus investigaciones. Cuando empezó a dibujar lo que estaba contemplando, llamó mares a las grandes superficies, calculó la altura de las montañas, describió los cráteres y llegó a la conclusión de que el suelo lunar era una réplica del terrestre más árido y desértico:

Las prominencias lunares son muy parecidas a nuestras montañas más altas y escabrosas... He podido descubrir llanuras de centenares de millas de extensión... Se contemplan infinidad de picos aislados y solitarios, con grandes pendientes y cubiertos de rocas... Varias de esas alturas llegan a medir hasta seis mil metros, es decir, tres mil menos que el Everest...

Una investigación tan apasionante le llevó a ir mejorando el catalejo, hasta conseguir uno de cien aumentos. Siempre en beneficio de una verdad que se hallaba en el cielo. En el caso de teorizar se debía partir de la realidad, nunca de suposiciones más o menos aproximadas.

Júpiter y sus cuatro estrellas acompañantes

A principios de 1610, en el taller de Galileo ya se estaban fabricando lentes. Los anteojos conseguían entre cuatrocientos y mil aumentos, lo que le permitió explorar la Vía Láctea. Dibujó las cuarenta tribus de las Pléyades con una gran precisión (ahora sabemos que son más de quinientas), la constelación de Cáncer, la de Orión (demostró que en lugar de estar compuesta por nueve estrellas, como siempre se había creído, se componía de ochenta adyacentes) y tantas otras cosas.

Con esto arruinó a todos los cuentistas y astrólogos que habían utilizado la Vía Láctea como un foco de supersticiones y cálculos mágicos. En la misma lo único que había, la realidad maravillosa, era un infinito número de estrellas.

Otra de aquellas noches mágicas, el 7 de enero de 1610, Galileo apuntó el telescopio hacia Júpiter. Y al momento pudo descubrir que se hallaba acompañado de tres "estrellas". Reaccionó de la siguiente manera:

Despertaron mi curiosidad porque parecían encontrarse en una línea recta exactamente paralela a la elíptica...

Más adelante, demostraría la tenacidad que volcaba en sus investigaciones:

Como la primera vez, se encontraban en línea recta con Júpiter y precisamente en la diagonal del Zodiaco. Al advertir que tales alteraciones no podían ser atribuidas al movimiento de Júpiter, dado que tenía la seguridad de que eran las mismas estrellas que había contemplado el día inicial (debido a que no se veían en la diagonal del Zodiaco, ni a uno ni a otro lado de Júpiter, salvo muy distantes), mi perplejidad se convirtió en pasmo. Estaba convencido de que las aparentes transformaciones no se debían a Júpiter, por lo que resolví proseguir mi exploración con el mayor cuidado y la máxima atención.

Este nuevo descubrimiento, unido a otros muchos, le permitió deducir, en base a unas decenas de observaciones, que el planeta disponía de cuatro lunas (la cuarta la contempló en la vigésima observación) que lo orbitaban.

Podemos afirmar que el genio de Pisa estaba marcando un hito en la astronomía mundial y, a la vez, en toda la ciencia. Convencido de que necesitaba ganarse el apoyo de otros investigadores, escribió el borrador inicial de *Siderus nuncius* ("El mensajero sideral"). Se sirvió del latín culto, para invitar a los demás científicos a que le imitasen.

Un éxito universal

La edición del libro fue encargada a Tommaso Baglioni, pero el mismo Galileo se cuidó de vigilar las planchas, con el fin de irlas rectificando una tras otra a medida que le entregaban las páginas húmedas de tinta. Quería asegurarse de que no hubiera ni un solo error, debido a que había utilizado el latín culto, como era "obligado" en cualquier tratado científico que pretendiera ser leído por los colegas más afamados.

Mientras realizaba este trabajo, envió una carta a Belisario Vinta, el secretario del gran duque de Florencia, para contarle su descubrimiento. Días más tarde, le consultaría porque deseaba inmortalizar el nombre de los Médicis en las estrellas. ¿Cómo debía llamarlas: "cosmeanas" o "mediceas"?

Se eligió este último nombre para las "estrellas" que acompañaban a Júpiter. Y así aparecería en "El mensajero sideral". Lo que el autor no mencionó es que por el nombre "mediceas" se le había regalado un collar de oro y brillantes y una medalla de oro.

SIDEREVS
NVNCIVS
MAGNA, LONGEQVE ADMIRABILIA
Spectacula pandens, suspiciendaque proponens
vnicuique, præsertim verò

PHILOSOPHIS, atq̃ ASTRONOMIS, quæ à

GALILEO GALILEO
PATRITIO FLORENTINO
Patauini Gymnasij Publico Mathematico

PERSPICILLI
Nuper à se reperti beneficio sunt obseruata in LVNÆ FACIE, FIXIS IN-
NVMERIS, LACTEO CIRCVLO, STELLIS NEBVLOSIS,
Apprime verò in

QVATVOR PLANETIS
Circa IOVIS Stellam disparibus interuallis, atque periodis, celeri-
tate mirabili circumuolutis; quos, nemini in hanc vsque
diem cognitos, nouissimè Author depræ-
hendit primus; atque

MEDICEA SIDERA
NVNCVPANDOS DECREVIT.

*La portada inicial de libro "El mensajero sideral", con el que
Galileo obtendría un éxito fabuloso.*

"El mensajero sideral" ha sido considerado como el libro más importante del siglo XVII, lo que no supone una exageración. Se imprimieron inicialmente quinientos ejemplare; y todos los que tuvieron la fortuna de leerlo lo calificaron de prodigioso. Gracias a que se reeditó infinidad de veces, pudo ser conocido por los intelectuales de casi todo el mundo. Pocos años más tarde, ya se había traducido al chino, gracias a que llegaron allí algunos ejemplares por vía marítima, y quienes conocían el latín comprendieron que el tema interesaría al emperador.

Por esas fechas Galileo estaba siendo calificado como el "Cristóbal Colón o el Magallanes del cielo". Se le dedicaban encendidos poemas. En la mayoría de los círculos científicos se hablaba de que acababa de suceder algo colosal. De todas las cortes solicitaban catalejos.

Como podemos entender, también surgieron cientos de detractores. Primero, no se consideraba al catedrático de matemáticas el inventor del catalejo. Segundo, Antonio Magini, el profesor de Bolonia, opinó que "El mensajero sideral" era un conjunto de mentiras. Y tercero, la Iglesia se reservó su opinión esperando lo que pudiera dictaminar el Vaticano.

Un contrato secreto le ligó a Florencia

Pero el genio de Pisa continuaba siendo un excelente diplomático. Propuso al gran duque de Florencia que utilizara los catalejos como obsequios, a fin de que sus embajadores los repartieran por Europa. Una astuta manera de seducir a su ex alumno y, al mismo tiempo, promocionarse él mismo.

En marzo, el joven Cosme II ya estaba utilizando el "tubo mágico" para contemplar las Estrellas Mediceas que acompañaban a Júpiter. Quedó tan satisfecho de la experiencia, que ya no quiso separarse de su maestro. Para ello debió ofrecerle mil coronas de sueldo anual, más los beneficios que pudiera obtener de la venta de los "tubos mágicos" y de sus libros. Estas cantidades cuadruplicaban las que recibía el mismo Vinta, que era el secretario personal del gran duque.

Y cuando a Galileo se le mencionó esta diferencia, se limitó a responder que deseaba satisfacer todas las deudas de su familia. *Para conseguir, al fin, concentrarme en mis estudios.* Estas conversaciones se mantuvieron en secreto, para que en Venecia no se alarmaran antes de tiempo.

Venecia le consideró su enemigo

El 10 de julio de 1610 se hizo público que Galileo Galilei ya era el nuevo filósofo y matemático del gran duque de Toscana. Y toda Florencia se sintió alborozada: mientras, en la República de Venecia se sentían burlados. Jamás se lo perdonarían.

Cuando el "desagradecido" volvió a recoger sus pertenencias, debió hacerlo en secreto para que el pueblo no se le echara encima. Pudo hacerlo gracias a la ayuda de Paolo Sarpi, junto al cual dispuso de tiempo para estudiar las manchas solares.

Mientras estaban dibujando lo que acababan de contemplar, el amigo preguntó:

—¿Te has dado cuenta de lo mucho que te arriesgas al perder la protección de Venecia?

—Te refieres a la Iglesia, ¿no es cierto?

—Así es. Tienes muchos enemigos entre los jesuitas, tus libros contradicen teorías que el Vaticano ha convertido en dogmas y te encontrabas aquí cuando esta República fue excomulgada.

—No creo que vaya a correr ningún peligro.

Sarpi conocía el mundo eclesiástico en profundidad, por eso le preocupaba la suerte del hombre al que más admiraba. Había intentado prevenirle. Lo que pudiera suceder a partir de entonces era algo que le correspondía totalmente a la posible víctima.

Algunas biografías no mencionan que Galileo al marcharse de Venecia rompió con Marina Gamba, la madre de sus hijos. Nunca volvería a tratarla personalmente, aunque la estuvo enviando dinero hasta el final de sus días. También se cuidaría de sus hijos, hasta que logró colocarlos en "mejores manos", como ya hemos expuesto en su momento.

Las niñas terminarían siendo internadas en un convento, donde profesaron en 1616 y 1617. Tomaron los nombres de sor María Celeste y sor Arcángela. Hoy se sabe que la mayor sentía una verdadera vocación, mientras que la otra sufrió mucho hasta conseguir adaptarse a la rigurosa vida religiosa. Mejor le hubiese ido como ama de casa.

Ante esta situación debemos reconocer que Galileo nunca fue un buen padre. Con todo el poder conseguido, le hubiese resultado muy sencillo encontrar un mejor destino para sus hijos.

La singular forma de Venus

En julio Galileo ya había vuelto a Florencia. Una de sus primeras noches, con su catalejo comenzó a estudiar el planeta Venus. Desde el primer momento creyó que las lentes habían sufrido una deformación. Después de comprobar que no era así, debió convencerse de que el planeta era realmente una estrella triple. Y al dibujarlo añadió lo que podíamos considerar unas "orejas" o "asas".

Su nuevo descubrimiento causó una gran expectación entre los científicos europeos, debido a que lo anticipó con un criptograma de lo más sugestivo, que envió a Kepler y a Giuliano de Médicis. Tres meses después lo explicaría: acababa de comprobar que Venus está formado por la superposición de tres estrellas.

Años después se aproximaría algo más a la realidad, ésa que conocemos actualmente, con este escrito:

... Hace unos meses comencé a observar el planeta Venus con el instrumento y le vi de forma redonda y muy pequeña: día a día fue creciendo de tamaño, pero seguía manteniendo la misma redondez, hasta que, finalmente, llegado a gran

distancia del Sol, empezó a perderla por la parte oriental, y en pocos días se convirtió en medio círculo. Con tal figura se mantuvo durante muchos días, pero creciendo, por el contrario, su tamaño; ahora comienza a hacerse menguante, y mientras se vea vespertino, irá haciendo cada vez más delgados sus cuernecillos, hasta terminar desapareciendo; pero, al volverse a hacer matutino, se verá con los cuernos muy delgados y en dirección contraria al Sol, e irá creciendo hacia el medio círculo hasta su máxima digresión. Durante algunos días mantendrá su forma semicircular, pero disminuyendo de volumen, para pasar después en pocos días al círculo completo. Y así se verá, durante muchos meses, totalmente redondo, aunque de pequeño volumen...

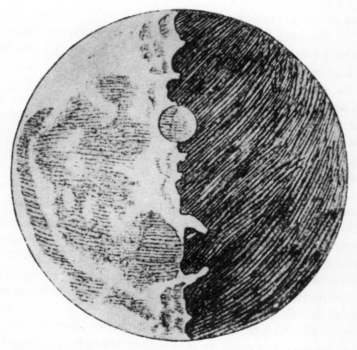

Dibujo del propio Galileo de uno de los aspectos de la superficie lunar.

La desaparición de los "cuernos"

Pasados unos años, Galileo tendría que rectificar algunas de sus primeras ideas sobre Venus, porque en sucesivas observaciones dejó de contemplar los "cuernos". Esto le llenó de confusión, hasta creer que se había producido un fenómeno de corte mitológico: Saturno había devorado a sus hijos.

Lo más importante de su descubrimiento es que destrozó las ideas de Tolomeo, al demostrar que Venus giraba alrededor del Sol. Y vino a conceder veracidad a las de Copérnico, ya que éste había planteado que todos los planetas orbitaban alrededor del astro rey, pero en distintos planos y formando ángulos entre sí.

Otro de sus grandes amigos

En 1611, Galileo comenzó a tratar como alumno de geometría a Filippo Salviati. Éste era un joven con una gran fortuna, aficionado al baile, a los caballos y a los ejercicios físicos. Destacaba por sus inquietudes científicas, su gran retentiva y por una intuición excepcional. En seguida se hizo amigo de su maestro, hasta el punto de ofrecerle su residencia de La Selva, que se hallaba a unos veinticuatro kilómetros de Florencia. Un excelente refugio para quien padecía frecuentes ataques renales y artríticos.

Mientras convalecía de una de sus dolencias en este recinto paradisiaco, el genio pisano escribió al gran duque ofreciéndose como embajador temporal ante la Santa Sede. Se proponía mostrar sus descubrimientos, para dar idea de que nunca había querido ir contra la religión católica, en la que creía fielmente. Además, llevaría algunos regalos, como el anteojo y varios trozos de una piedra luminosa descubierta por los alquimistas de Bolonia.

El proyecto fue aceptado, porque el joven Cosme II consideró que supondría un excelente recurso para congraciarse con el Papa. No obstante, el viaje debió aplazarse algunas semanas porque Galileo no se encontraba del todo recuperado.

CAPÍTULO VII

EL ÉXITO DE SU ESTANCIA EN ROMA

En busca de un buen aliado

El 29 de marzo de 1611, que era Jueves Santo, Galileo llegó a Roma. Primero se comportó como un "turista" más, porque deseaba contemplar las modificaciones realizadas en el Vaticano. Seguro que mientras admiraba tanto esplendor artístico, no dejaba de planificar su estrategia.

Al día siguiente, visitó al jesuita alemán Cristóbal Clavius, porque había hablado con él veinte años atrás. Y como le proporcionó una recomendación, pensó que podía servirle como aliado. Le expuso todas sus investigaciones. Al tocar el tema de la superficie lunar, se encontró con un comentario jocoso sobre que el catalejo bien podía estar provisto de una lente deformada, para que se viera el suelo de nuestro satélite totalmente regular, como siempre se había creído.

Aparte de esta broma, se mostró admirado con los descubrimientos del matemático florentino. Y le habló de que sus colegas del Colegio Romano, empleando un catalejo mejorado por el padre Lembo, habían comprobado algunas de las observaciones que se contaban en "El mensajero sideral". En seguida afirmó:

—Debo reconocer que merecéis grandes elogios por haber sido el primero en hacer esas investigaciones.

Días más tarde, le presentó a varios científicos de la Compañía de Jesús, que también estaban estudiando los planetas de Júpiter después de haber leído el libro del admirado visitante. Como se puede comprender, disponían de un catalejo fabricado en los talleres florentinos que uno de ellos se había encargado de modificar.

La entrevista con el Papa

El Papa Pablo V recibió a Galileo en una entrevista especial. Desde el primer momento le pidió que no se arrodillara ante su presencia y, luego, le escuchó con mucha atención. Por último, se mostró complacido con los descubrimientos, aunque terminó con un comentario no demasiado alentador:

—Nos tendremos que comprobar si tus teorías, hijo mío, son conformes a nuestra fe.

Nada más salir de la audiencia, Galileo se encontró delante del cardenal Bellarmino. Al momento recordó que éste había presidido el tribunal de la Inquisición que condenó a la hoguera a Giordano Bruno y a otros hombres. No pudo evitar un estremecimiento.

Todos los temores desaparecieron de la mente del embajador florentino nada más establecer contacto con la intelectualidad romana. Le esperaban. Los días siguientes los pasó dando conferencias, mostrando su catalejo y realizando algunos trucos con la piedra resplandeciente. Todo esto le convirtió en el hombre más popular de la ciudad.

Las cinco preguntas del cardenal Bellarmino

Mientras tanto, el cardenal Bellarmino ya estaba realizando sus propias investigaciones sobre los principales descubrimientos de Galileo. Y las convirtió en cinco preguntas que el 19 de abril de 1611 dirigió a Clavius y al Colegio Romano:

"Muy reverendos Padres:

He sido informado de que VV. RR. conocen los nuevos descubrimientos astronómicos que un famoso matemático ha realizado con el empleo de un instrumento llamado *cannone* o tubo ocular. Yo mismo, utilizando el mismo instrumento, he contemplado algunas cosas, verdaderamente maravillosas, de la luna y de Venus, y agradecería que VV. RR. me favorecieran sobre los siguientes temas:

1.º. Si VV. RR. confirman la idea de que hay infinidad de estrellas fijas invisibles a simple vista y, sobre todo, si la Vía Láctea y las nebulosas han de ser tenidas por unos grupos de estrellas diminutas.

2.º. Si es cierto que Saturno no es un astro simple, sino tres astros juntos.

3.º. Si constituye un hecho que Venus pasa por fases, creciendo y decreciendo como la Luna.

4.º. Si realmente la Luna presenta una superficie accidentada y desigual.

5.º. Si podemos dar por auténtico que alrededor de Júpiter giren cuatro astros, cada uno de ellos con un movimiento distinto de los otros, pero coincidiendo todos en resultar demasiado rápidos.

Dado que vengo escuchando opiniones contradictorias respecto a esos temas, estoy ansioso por disponer de alguna información precisa. Debido a que VV. RR. son doctores en la ciencia matemática, con facilidad podrán responderme si los nuevos descubrimientos se hallan bien fundamentados o si pueden resultar una mera ilusión. Si lo consideran oportuno, pueden ofrecerme su contestación en este mismo pliego.

De VV. RR. hermano en Cristo,
Roberto Cardenal Bellarmino."

La respuesta de los matemáticos religiosos

La respuesta de los matemáticos religiosos fue ésta:

"Como Su Excelencia nos pidió, le ofrecemos la contestación siguiendo el mismo orden en el que nos presentó los temas:

1.º. Es cierto que el catalejo descubre un amplio número de estrellas en las nebulosas de Cáncer y de las Pléyades, pero que la Vía Láctea se encuentre formada enteramente por estrellas diminutas ya no nos parece tan cierto. Resulta más probable que algunas partes de la misma presenten una mayor densidad, aunque no puede rechazarse la idea de que existan muchas estrellas pequeñas. De hecho, por lo que se contempla en las nebulosas de Cáncer y de las Pléyades, es posible deducir que también en la Vía Láctea hay con toda probabilidad infinidad de enormes multitudes de estrellas que no pueden verse al ser excesivamente minúsculas.

2.º. Hemos podido contemplar que Saturno no presenta una conformación esférica, como la que se aprecia en Júpiter y en Marte, sino oval, a pesar de que no hemos descubierto las dos estrellas a sus lados distanciadas del centro, por lo que nos sentimos incapacitados para reconocer que sean estrellas separadas.

3.º. Es totalmente exacto que Venus disminuye y aumenta como la Luna. Lo hemos comprobado a la hora de la estrella vespertina, pues aparece como un disco casi completo. Y observamos el gradual empequeñecimiento de su cara iluminada, que se halla permanentemente dirigida al Sol. En su aspecto de lucero del alba, después de su conjunción con el Sol, al que siempre muestra su cara iluminada, hemos observado que disponía de unos cuernos y que su resplandor aumentaba progresivamente a la vez que el diámetro aparente del planeta se reducía.

4.º. En lo que atañe a la Luna, no deben negarse las grandes irregularidades y desigualdades que presenta su superficie, pero, de acuerdo con las opiniones del padre Clavius, esas desigualdades nada más que son aparentes, ya que obedecen al hecho de que la masa lunar carece de una uniforme densidad, a la vez que se halla compuesta de secciones más rarificadas junto con otras más solidificadas, que suponen las mismas manchas habituales que se descubren a simple vista. Otros consideran que la superficie de la Luna es realmente desigual, pero en esta cuestión no se dispone de una evidencia suficiente como para que nos atrevamos a dar una respuesta positiva.

5.º. Sobre Júpiter. Alrededor de este planeta se observa que giran con gran rapidez cuatro estrellas; unas veces, todas ellas se desplazan hacia el Este, o se mueven hacia el Oeste, mientras que, en otros casos, sus recorridos son distintos, hasta componer una línea recta. Esos objetos no pueden ser estrellas fijas, debido a que sus movimientos resultan más veloces y distintos de los que se aprecian en las estrellas fijas. Añadiremos otro dato: las distancias que las separan entre sí y de Júpiter se modifican continuamente.

Así era el cardenal Bellarmino. Su comportamiento hemos de considerarlo vital para el trágico futuro de Galileo.

Esto es lo que podemos ofrecer como respuesta a las preguntas de Su Excelencia, a la que, para finalizar, ofrecemos nuestros humildes respetos, rogando a Dios que os conceda la mayor felicidad."

Los matemáticos religiosos fueron los padres Cristóbal Clavius, Cristóbal Grienberger, Odón van Maelcote, de Bruselas, y Juan Pablo Lembo.

La conferencia en el Colegio Romano

Como ha venido sucediendo siempre la sociedad se dividió en dos bandos, aunque quienes apoyaban los descubrimientos del genio pisano eran mayoría. Comenzaron a contarse chistes y a componerse odas sobre el tema, lo que demostraba que el cielo real importaba mucho a la gente.

El mayor honor que se le concedió a Galileo fue poder dar una conferencia en el Colegio Romano, que estaba situado junto al Panteón, es decir, en el mismo centro de la ciudad más famosa del mundo. Al orador se le trató como si fuera una alta dignidad civil. Le presentó el padre Odón van Maelcote, para colmarle de elogios. Después, habló el homenajeado.

Sus palabras fueron recibidas con gritos de júbilo por los más jóvenes, debido a que estaba confirmando que Venus giraba alrededor del Sol. Una teoría que los clérigos más conservadores consideraban una herejía.

La "Academia de los Linces"

Pocas horas más tarde, Galileo conoció a Federico Cesi, segundo marqués de Monticelli y un apasionado de la ciencia. Estaba preparando un libro que pensaba titular "El Teatro Natural" y ocho años antes había creado la sociedad secreta *Accademia dei Lincei* ("Academia de los Linces"), con el fin de reunir en la misma a los caballeros con mayor rapidez mental, grandes estrategas de la inteligencia y muy superiores al resto de los mortales. Esto significaba que sus miembros eran filósofos, matemáticos, filólogos y literatos, pero siempre que ofrecieran un carácter innovador.

En realidad la sociedad la formaban cuatro personas: Federico Cesi, al que se le consideraba el "Vagabundo Celeste"; el médico flamenco Jean Eck, llamado el "Iluminado"; el escritor Giambattista della Porta, el "Menguado" y el poeta Francesco Stulleti, el "Lento".

Galileo se sintió muy a gusto con esta gente, debido a que sus ideas eran muy revolucionarias. Cuando le llevaron a una villa situada en Via Maschera d'Oro, pudo encontrarse con una gigantesca biblioteca, acaso la más grande que había conocido. Allí había fósiles de todos los tipos, y en los cientos de estantes se alineaban millares de libros prohibidos, muchos de los cuales eran tratados alquimistas y estudios nigrománticos y de brujería.

El "tubo mágico" se llamaría telescopio

Varias noches más tarde se celebró una cena en honor de Galileo, donde le presentaron a varios de los personajes más singulares de Roma. Todos se hallaban al tanto de los descubrimientos astronómicos, por lo que sus preguntas fueron de lo más acertadas. Al final de un banquete en el que se sirvieron las mejores carnes y unos dulces exquisitos, regados con unos vinos suaves al paladar, se pidió al "científico más famoso del momento" que hablara del "tubo mágico".

Mientras mostraba el interior del ingenio, al parecer Della Porta le dio el nombre de telescopio. A todos les pareció muy adecuado y el fabricante del mismo lo aceptó mostrando su agradecimiento. Por último, subieron al ático del edificio, para dedicarse a contemplar los monumentos más lejanos y, como todos deseaban, echar un vistazo a la Luna y a Venus. Estaban utilizando lentes de mil aumentos.

Once días más tarde, Galileo se incorporó a la "Academia de los Linces". Le seguirían una docena de los científicos y hombres de letras más progresistas de Roma, a los que se unirían otros de distintas ciudades. Con estas últimas incorporaciones, la sociedad dejó de ser secreta para convertirse en la primera que podía considerarse científica, en el sentido más natural del término, que se había conocido en el mundo desde la Grecia clásica.

Animado por la compañía de tantos hombres de ideas "audaces", Galileo se atrevió a hablar de las manchas solares que había descubierto con su telescopio. Mostró los dibujos y se extendió en sus razonamientos. Como podemos entender, sus amigos le aplaudieron enfervorizadamente, dispuestos a convertirle en su máximo representante.

Los primeros enfrentamientos

Pero no opinó lo mismo la Iglesia. Eso de que el brillante Sol, el astro rey que daba la vida a la Tierra, tuviera manchas, suponía que era imperfecto. Cuando siempre se le había considerado inmutable. Quien opinaba lo contrario sólo podía ser un brujo. Debía ser silenciado de cualquier forma.

Pronto se advertiría que no era el momento apropiado para actuar, dado que el "hereje" se había convertido en el hombre más célebre de Europa. Hasta las gentes humildes salían de sus casas para verle o tocarle las ropas, como si esto supusiera recibir una mínima parte de la suerte del "divino" Galileo.

Mientras, éste llevaba en su mano derecha un anillo con una esmeralda que le había regalado Cesi. Era el gran triunfador, el mejor embajador del gran duque de Toscana. Florencia podía sentirse muy orgullosa de él.

La "Liga de los Pichones"

En todas las sociedades humanas del mundo, sin excepciones, cuando alguien resplandece con luz propia debido a su propio esfuerzo, siempre hay alguien que intenta apagarle. Uno de los primeros intentos de combatir las ideas de Galileo lo protagonizó el joven luterano alemán Martin Horky, que era seguidor de Kepler. Con la publicación de su libro "Corto peregrinaje contra el Mensajero Sideral", acusó al catedrático de matemáticas de haberse inventado todos sus descubrimientos. Por ejemplo, las cuatro lunas de Júpiter no existían.

El mismo Kepler salió en defensa de Galileo, al negar que Horky hubiera sido su discípulo y, sobre todo, confirmar rotundamente que todos los descubrimientos que se mencionaban en la excelsa obra "El Mensajero Sideral" eran ciertos.

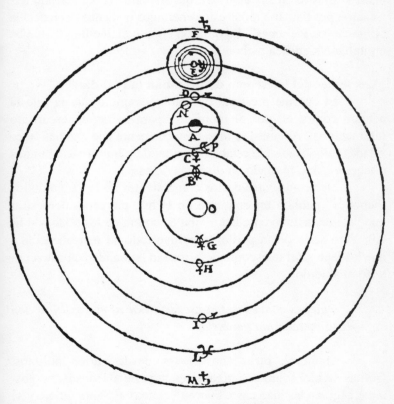

Sistema copernicano del universo. El dibujo es del mismo Galileo.

El ataque más perverso lo realizó el matemático Francesco Sizzi, al publicar unas objeciones teológicas a las investigaciones de Galileo. Todas ellas las veía contrarias a las Sagradas Escrituras. Pero muy pocos le hicieron caso, aunque éstos eran de los que no olvidaban.

A las agresiones escritas u orales se incorporó Ludovico delle Colombe publicando libros en contra de Galileo. Tan obstinado se mostró en sus diatribas, que los amigos del atacado terminaron por llamar a todos estos enemigos de la nueva ciencia la "Liga de los Pichones". Se basaron en que el apellido Colombe en italiano significa pichón.

¿Las lentes del telescopio deformaban la realidad?

El enorme prestigio de Galileo impidió que la Iglesia actuara contra él, por el momento, para evitar un escándalo internacional. Además, se tuvo muy en cuenta que algunas autoridades religiosas se le estaban disputando para ser sus alumnos o tenerle como invitado en distintas fiestas.

De pronto, otro de los componentes de la "Liga de los Pichones" publicó un opúsculo en el que pretendía demostrar que "el matemático enredador" iba en contra de los textos bíblicos. Pero se le debía perdonar porque todo su mal obedecía a que las lentes del telescopio deformaban la realidad. A esto contestó el aludido:

Quienes conceden tan escaso valor al maravilloso don de la vista merecerían perderla.

Siguieron otras acusaciones desde varios púlpitos. Gotitas de hiel sobre una gigantesca tarta de alabanzas; no obstante, alguien las hizo caso. Fueron llevadas al Santo Oficio y se inició un proceso de investigación. Estos verdugos eran muy pacientes. No les importaría esperar años, porque estaban convencidos de que el tiempo iba a jugar en su favor.

CAPÍTULO VIII

AL FIN APOYÓ LA LIBERTAD CIENTÍFICIA

En compañía de un aliado muy peligroso

Cuando Galileo regresó a Florencia llevaba a su lado al joven sacerdote Giovanni Ciampoli, que era uno de sus alumnos preferidos. Hemos de suponer que el maestro estaba tan enfermo que no pudo advertir que había aceptado la compañía de un personaje muy peligroso, debido a la facilidad que mostraría para cambiar de cara según las opiniones que escuchara a su alrededor.

Galileo debió permanecer en cama más de un mes. A mediados del verano ya se encontraba restablecido. Entonces descubrió que sus enemigos le habían preparado la celada de una controversia más científica que filosófica. Quisieron que les explicara las propiedades de los cuerpos flotantes en el agua, tomando como punto de partida la teoría de un profesor de Florencia sobre que el hielo no se hundía, a pesar de ser más pesado que el agua normal, debido a su forma lisa y delgada.

La respuesta no se hizo esperar, debido a que el desafiado dominaba la hidrostática desde hacía muchos años. Al momento expuso que el hielo era menos pesado que el agua sobre la que flotaba. Y este fenómeno no se debía a su forma sino a sus propiedades físicas.

Apareció un miembro de la "Liga de los Pichones"

Cuando Ludovico delle Colombe, que como sabemos era un miembro de la "Liga de los Pichones", tuvo noticias de lo que había sucedido en Florencia, se ofreció a demostrar que Galileo estaba equivocado. Esto se consideró un reto entre los defensores de las teorías aristotélicas y los que creían en la ciencia moderna.

Al cabo de unas semanas, se nombró a Franceso Nori como juez de tan singular desafío. El escenario fue la casa de Salvati, en uno de cuyos salones se instaló un gran escenario. Se hallaban presentes una veintena de espectadores.

El primero en intervenir fue Colombe. Con gran teatralidad fue echando en un recipiente de cristal lleno de agua unas bolas del tamaño de nueces y unos pedacitos de ébano. Todos pudieron ver que se hundían hasta llegar al fondo. Sin embargo, no se presentó el segundo "contendiente". Esto se consideró una derrota de Galileo.

¿Una estrategia equivocada?

No tardaría en saberse que había sido el gran duque de Toscana quien prohibió a Galileo participar en un duelo que consideraba absurdo. Lo recomendado era enviar la respuesta por escrito. Y así lo hizo aquél, a pesar de saber que no obtendría los mismos resultados que en una intervención pública. Estaba convencido de que habían utilizado una estrategia equivocada.

En seguida se dedicó por entero a escribir un libro sobre los cuerpos flotantes, ya que necesitaba eliminar su frustración. A finales de septiembre se encontró con que el gran duque ya era partidario de que se repitiera el duelo público. Le habían convencido dos cardenales, uno de los cuales era Maffeo Barberini, que con el paso del tiempo sería nombrado Papa con el nombre de Urbano VIII. Entonces se convertiría en el mayor enemigo de Galileo.

Volviendo al presente de nuestra historia, debemos explicar mejor el cambio de situación. Mientras se celebraba una cena en honor de tan importantes eclesiásticos, uno de ellos se fijó en los hielos que flotaban en la superficie de un gran recipiente lleno de refrescos. Entonces recordó la reciente controversia y pidió al gran duque que permitiera a su filósofo y matemático que defendiera su postura en público.

El triunfo de la verdad científica

El nuevo desafío tuvo lugar en el palacio Pitti. El 2 de octubre allí se encontraban los personajes más importantes de Florencia. Galileo demostró que el ébano se hundía en un recipiente lleno de agua, a pesar de ser más fino que el papel, cuando éste flotaba. Seguidamente, dejó en la superficie líquida una gruesa barra de hielo y la soltó con fuerza. Todos pudieron verla sumergirse para, en seguida, adquirir una posición de flotación. Lo que dejó bien claro que sus teorías eran las acertadas. Aquello suponía el triunfo de la verdad científica.

Su rival ni siquiera se molestó en intervenir, ya que prefirió aplaudir junto al admirado público. Ninguno de los presentes dejó de felicitar al vencedor. Mientras a éste poco le duraba la gloria, al menos en el plano de su propio cuerpo, porque al día siguiente cayó enfermo. Estaría más de una semana en cama.

Un feroz ataque a las manchas solares

En la villa Salvari, durante los últimos días de su convalecencia, Galileo volvió a estudiar las manchas solares en compañía de Salviati. Entonces hicieron el descubrimiento de que no aparecían en los mismos lugares, a la vez que perdían intensidad y algunas no eran localizables. Esto les llevó a deducir que se desplazaban del oeste al este, pero con una ligera inclinación sur-norte dentro de un radio de unos treinta grados tomado desde el ecuador solar.

Otro de sus geniales descubrimientos fue que el astro rey presentaba una inclinación en su eje, que resultaba muy similar al de la Tierra. Con esto volvieron a hacer buena la teoría copernicana.

En marzo de 1612, la Europa que no dejaba de mirar al cielo para encontrar la verdad racional se sintió brutalmente agredida. Un individuo que se escondía tras el seudónimo de "Apeles" acababa de publicar un libro, en cuyas páginas "demostraba" que las manchas solares eran estrellas o, en cierto caso, cometas que pasaban por delante del Sol. Y con la mayor desvergüenza se atribuía el honor de haber descubierto esta anormalidad mucho antes que Galileo.

Los científicos se movilizaron para desenmascarar al misterioso fanfarrón, que estaba consiguiendo algunos partidarios. Mientras daban con el mismo, exigieron al insultado que se defendiera. Pero éste se hallaba tan ofendido que tardó en reaccionar. Y cuando lo hizo fue para dejar claro que sus descubrimientos respondían a la verdad "demostrable por medio de un telescopio", y no a unas divagaciones sin ningún apoyo científico.

El "Tratado sobre los cuerpos flotantes"

En mayo de 1612, Galileo publicó su "Tratado sobre los cuerpos flotantes", porque así se lo había pedido el gran duque Cosme II. Se sabe que uno de los primeros ejemplares llegó a manos del cardenal Bellarmino. Y éste respondió de la siguiente manera:

"Ilustre señor:
He recibido vuestra carta y el tratado que la acompañaba sobre los cuerpos que se mueven o se mantienen inmóviles si se los deja en la superficie del agua. Pienso leerlo con el mayor placer, convencido como estoy de que es un texto digno de tan eminente autor. Al mismo tiempo que os agradezco de corazón vuestra cortesía al enviármelo, desearía que la inclinación que así me mostráis sea plenamente correspondida por mi parte, como lo veréis si en alguna ocasión se me presenta la oportunidad de prestaros servicio. Con mis mejores deseos y una plegaria para que Dios os conceda su bendición."

Conviene tener muy en cuenta esta carta. Es cierto que quien la escribió prestaría algunos favores a Galileo; sin embargo, al final sus escritos serían utilizados por los verdugos más despiadados.

Por otra parte, la primera edición del Tratado se agotó a las pocas semanas y hubo que realizar una segunda. Los científicos actuales reconocen que con este texto se abrió las puertas de la física experimental.

Galileo se hallaba convaleciendo de una serie de enfermedades mientras sus enemigos no dejaban de atacarle.

En aquellos tiempos el prestigio del filósofo y matemático florentino no podía encontrarse a mayor altura. Aunque continuara sufriendo los ataques de sus detractores, que le tachaban de "obsesionado por la popularidad".

Puede decirse que Galileo consumió más de diez meses escribiendo a los cardenales romanos que le prestaban apoyo, con el propósito de aclarar que en ningún momento había pretendido atacar a la Iglesia. Si estaba demostrando que algunas de las teorías de Aristóteles no eran correctas, se debía a que él contaba con los medios para comprobarlas "directamente". Lo mismo sucedía al observar el cielo.

Las respuestas que comenzó a recibir le parecieron tan ambiguas, que se empeñó en obtener algo más concreto. No lo consiguió por muchos esfuerzos que volcó en esta empresa de titanes.

"Cartas sobre las manchas solares"

El 28 de diciembre de 1612 y un mes después, Galileo observó en las proximidades de Júpiter la presencia de una "estrella fija", que fue incapaz de identificar. Los astrónomos actuales han llegado a la conclusión de que era el planeta Neptuno, que tardaría doscientos treinta y cuatro años en ser identificado.

A finales de 1613, Galileo se decidió a publicar sus "Cartas sobre las manchas solares". La edición fue financiada por la "Academia de los Linces". Y dado que se utilizó la lengua italiana en sus formas más literarias, los lectores se multiplicaron por diez o por veinte. Todo en beneficio de la difusión "masiva" de la obra, pues se suponía que cada libro era leído por unas quince personas en el plazo de unos seis meses.

En este texto quedaba rotundamente apoyada la teoría heliocéntrica de Copérnico. Además, el autor mostraba su convencimiento de que la Iglesia terminaría por aceptarla como un "triunfo de la ciencia universal". Por el momento ni un solo sacerdote alzó su voz en contra.

La verdad sobre "Apeles" y un prudente consejo

Un año más tarde, se pudo descubrir que tras el apodo de "Apeles" se había ocultado el jesuita alemán Christopher Scheiner, que era profesor en la Universidad bávara de Ingolstadt. En ningún momento pretendió ofender a Galileo, pues al escribir su obra ignoraba que éste se le hubiera adelantado en la observación de las manchas. Y el uso de un apodo se debió a que la Compañía de Jesús le prohibió que utilizara su verdadero nombre. Pero no se retractaba de su afirmación de que las "manchas solares eran estrellas situadas delante del astro rey".

En mayo de 1612, el genio de Pisa recibió esta carta de Paolo Gualdo, que se consideraba uno de sus mejores amigos:

"En lo que afecta a la teoría de la rotación de la Tierra, hasta hoy día no he encontrado ni un filósofo ni un astrólogo, y menos un teólogo, que se halle dispuesto a suscribir vuestra opinión; pensadlo, pues, cuidadosamente antes de publicar lo que pensáis de una forma aseverativa, que hay muchas cosas que pueden decirse como discutibles, pero nunca es aconsejable afirmarlas con tanta rotundidad."

El consejo era de lo más prudente, debido a que el orgullo de los seglares, aunque estuvieran bien apoyados por "su verdad", podía avivar las llamas inquisitoriales. Sin embargo, Galileo no lo escuchó.

El continuo enfrentamiento con los jesuitas

De esta manera se hizo evidente que un sector de los jesuitas se hallaba en contra de las teorías de Galileo. Enfrentamiento que duraría demasiados años, hasta llegar al más ignominioso de los desenlaces.

Los admiradores de Galileo se mostraban tan apasionados que no dudaban en considerarle un genio. Algo que le halagaba en los momentos que más duros se hacían los ataques de sus enemigos.

A primeros de diciembre de 1610, recibió una carta del fraile Benedetto Castelli, en la que le proponía que fijara su atención de nuevo en Venus. Porque los cuernos de éste no eran continuos. La invitación resultaba tan provocadora, que el gran maestro se cuidó de comprobarlo.

Venus giraba alrededor del Sol

A lo largo de tres duros meses, no queriendo maldecir a esas noches nubladas, Galileo pudo observar que Venus cambiaba de formas paulatinamente. Esto le permitió realizar uno de los mayores descubrimientos de su vida: el planeta giraba alrededor del Sol y no alrededor de la Tierra.

Para dejar claro que suyo era el primer descubrimiento utilizó un anagrama, algo muy corriente en la época, y escribió a Castelli contándole todo. Más adelante, en sus cartas introduciría el lamento de tantos científicos:

¡Qué fácil es realizar un descubrimiento y qué difícil resulta que las gentes crean en el mismo!

El fraile Castelli terminó viviendo en Florencia, para encontrarse al lado de su maestro. Los dos ya eran muy amigos a pesar de la edad que se llevaban. Se cree que el religioso fue quien encontró la forma de observar las manchas solares directamente utilizando un papel blanco como filtro. Este recurso y el hecho de haber inventado la hidrostática le permitieron acceder a la cátedra de matemáticas de la Universidad de Pisa. Únicamente se le puso una censura: jamás debía hablar en público del movimiento de la Tierra. Nadie había olvidado que al sacerdote Giovanni Bruno le llevaron a la hoguera por esta "herejía".

Una controversia político-religiosa

A finales de 1613, Galileo se enfrentó a una grave controversia político-religiosa. Los primeros pasos de la misma podemos localizarlos el 14 de diciembre, con la carta que Castelli envió a su maestro. Ofrecemos los últimos pasajes de la misma:

106

"... Apenas salí del palacio, el camarero de la gran duquesa Cristina llegó a mi lado para decirme que su señora quería hablarme. Sin embargo, antes de contaros lo que ocurrió, he de resaltar que, mientras estábamos cenando en compañía de importantes invitados, el doctor Boscaglia habló durante un tiempo con la gran duquesa para decirle que, si se consideraban verdaderas todas las cosas nuevas que habéis descubierto en el cielo, sólo el movimiento de la Tierra resulta increíble e imposible, sobre todo porque las Sagradas Escrituras son evidentemente contrarias a esa opinión."

Una simple cena en el palacio del gran duque de Toscana dio pie a una gran controversia, de la que se obtendrían unos sorprendentes resultados.

"Retorno ahora a mi narración. Al entrar en los aposentos de su alteza, encontré en las mismas al gran duque, a madame

Cristina y a la archiduquesa (se refiere a María Magdalena de Austria, esposa de Cosme II), acompañados de don Antonio, don Paolo Giordano Orsini y el doctor Boscaglia. Después de formularme algunas preguntas sobre mí mismo, la gran duquesa comenzó a presentar las Sagradas Escrituras para contradecir lo que yo había dicho.

Empecé a hablar como un teólogo, con tal seguridad y dignidad que os habría gustado oírme. Don Antonio me ayudaba, y eso me animó tanto que, en lugar de sentirme desfallecido ante sus nobles altezas, me defendí como un paladín. Conseguí convencer al gran duque y a la archiduquesa, y don Paolo vino en mi ayuda con oportuna cita de las Sagradas Escrituras. Sólo madame Cristina siguió atacándome, pero por el modo en que lo hacía deduje que únicamente quería escuchar mis respuestas. El profesor Boscaglia no dijo una sola palabra."

La extraordinaria respuesta de Galileo

El genio pisano no quería enemistarse con tan importante dama, porque se hallaba en juego su privilegiada posición en Florencia. A lo largo de una semana estuvo pensando la respuesta. Y cuando la expuso, el 21 de diciembre, ofreció un razonamiento que actualmente es aceptado por la Iglesia. Sin embargo, entonces se consideró una herejía:

Las Sagradas Escrituras no pueden equivocarse, ya que contienen unos decretos que son verdaderos e inviolables. Pero, en vuestro lugar, yo hubiera añadido que, aunque las Sagradas Escrituras no se confunden, sus expositores e intérpretes sí que pueden hacerlo, y de muchas formas, y hay un error en particular, que es el más grave y frecuente, que consiste en detenerse en la significación literal de las palabras. De este modo aparecen no sólo muchas contradicciones, sino también graves herejías y blasfemias. Así, resultaría necesario conceder a Dios manos y pies y oídos y emociones humanas y corporales tales como ira, arrepentimiento, odio y, a veces, olvido de las cosas pasadas e ignorancia de las futuras. Y en las Escrituras se encuentran muchas afirmaciones que, tomadas en el sentido literal de las palabras, son contrarias a la verdad, pero están dispuestas sabiamente para acomodarse a la capacidad del vulgo. Y, así, para los pocos que merecen ser separados de la plebe, los expositores prudentes necesitan explicar el verdadero significado y las razones por las que ese significado ha recibido esa particular expresión. Siendo evidente, por tanto, que las Escrituras no sólo son susceptibles de diversas interpretaciones, sino que en muchos pasajes exigen una interpretación distinta del sentido aparente de las palabras, me parece a mí que en las discusiones matemáticas es a este último modo de interpretación al que debe adaptarse. Las Sagradas Escrituras y la naturaleza son, ambas, emanaciones de la palabra divina; la primera, dictada por el Espíritu Santo; la segunda, ejecutora de los mandatos de Dios.

La Sagrada Escritura tiene que acomodarse al entendimiento común en muchas cosas que en realidad son diferentes de los términos empleados para hablar de ella. Pero la naturaleza, por el contrario, es inexorable e inmutable y no se preocupa para nada de si sus secretas razones y sus modos de operación exceden o no de la capacidad de comprensión del hombre. Jamás viola sus propias leyes y, así, los efectos naturales que la experiencia nos pone ante los ojos, o los que inferimos con demostraciones adecuadas, en modo alguno pueden revocarse para ajustarlos a ciertos pasajes de la Escritura que, en cambio, en sí mismo spueden tener un millar de sentidos diferentes. La Escritura no se ha abstenido de ocultar con un velo sus dogmas principales, atribuyendo a Dios propiedades distintas de la esencia divina e incluso contrarias a ella. ¿Quién podría entonces afirmar o suponer que, al hablar incidentalmente del Sol, de la Tierra o de otros cuerpos creados, la Escritura decidiría de golpe atenerse rigurosamente a la significación literal de las palabras usadas?...

Como resulta manifiesto que dos verdades no pueden ser contrarias entre sí, la misión de los expositores prudentes será trabajar hasta encontrar el modo de hacer que los pasajes de la Sagrada Escritura concuerden con las conclusiones a las que hemos llegado con certeza y con seguridad a través de la evidencia de nuestros sentidos o de demostraciones necesarias... Y, como no podemos estar seguros de que los intérpretes reciban la inspiración divina, pienso que sería prudente que se prohibiera hacer uso de las Escrituras para apoyar tesis sobre asuntos en los que la evidencia de nuestros sentidos o la de nuestras demostraciones pueda llevarnos a conclusiones contrarias. ¿Quién puede poner límites a la inteligencia del hombre? ¿Quién se atreverá a asegurar que conoce ya todo lo que en el universo es cognoscible? Y a este respecto, fuera de los artículos que conciernen a la salvación y a la estabilidad de la fe, contra cuya inmutabilidad no hay riesgo de que se introduzcan innovaciones válidas y eficaces, quizá sería lo mejor que no se introdujera innecesariamente ninguno nuevo, y, si se hace, véase qué gran desorden puede seguirse de añadir artículos a petición de personas que pueden estar divinamente inspiradas, pero que evidentemente se hallan desprovistas de la inteligencia precisa, no ya para deshacer, sino incluso para comprender las demostraciones que nos conducen a las conclusiones científicas.

Creo que la intención de la Sagrada Escritura fue persuadir a los hombres de las verdades necesarias para la salvación, que son tales que no puede hacerlas creíbles ni ciencia alguna ni ningún otro medio que no sea la voz del Espíritu Santo. Pero no me parece que el mismo Dios que nos dio nuestros sentidos, nuestra lengua, nuestra inteligencia, quiera que prescindamos de ellos en las cosas que podemos aprender por nosotros mismos, y esto se aplica especialmente a las ciencias, de las que en las Escrituras no se hace la menor mención, y sobre todo a la astronomía, a la que se presta tan poco interés que no se mencionan los nombres de ninguno de los planetas. Sin duda alguna, si la intención de las Sagradas Escrituras hubiera sido enseñar a las gentes astronomía, no habrían omitido el asunto tan completamente.

¡No hay duda que un hombre capaz de escribir una carta como ésta era excepcional! Sin haber estudiado teología, expuso unos razonamientos que San Agustín se planteaba en uno de sus libros. Pero Galileo no conocía este texto, ni Castelli se lo pudo mostrar. Nació de la intuición de un ser humano prodigioso, cuya forma de redactar nos permite comprender esa fascinación que ejercía en quienes le oían y le leían.

A Galileo nadie le amilanaba

En el momento que los teólogos leyeron la carta que Galileo había enviado a la gran duquesa Cristina, que era una copia revisada de la escrita a Castelli, no se callaron. Le consideraron un engreído que se atrevía a enfrentarse a la fe, para adaptarla a sus conveniencias. Y solicitaron la intervención del Santo Oficio.

Mientras tanto, el "hereje" no se dejaba amilanar. En una nueva carta a la gran duquesa defendió las teorías de Copérnico, destacó que éste había sido consejero del Papa por su condición de sacerdote y que sus libros se leyeron respetuosamente en su época, a pesar de que no se compartieran sus ideas. Lo absurdo era que todo hubiese cambiado: cuando quienes utilizaban el telescopio habían podido demostrar que la Tierra y los demás planetas giraban alrededor del Sol, las voces de los conservadores se alzaban injustamente contra los científicos que se limitaban a demostrar la verdad.

La suya era una defensa heroica de la libertad de la ciencia. Pero volvió a utilizar las Sagradas Escrituras para afirmar que creer en sus textos era cuestión de fe, mientras que la realidad que nos rodea sólo puede ser explicada por la investigación científica.

Con esta postura mostró todas sus cartas, dando una prueba de valor que muchos aplaudieron. Si en los primeros momentos pareció dispuesto a plegarse a las imposiciones de la Iglesia, al final dejó claro que era un científico honesto, entregado por completo a sus investigaciones.

Los enemigos ya se estaban uniendo

En diciembre de 1614, el padre Niccolè Lorini, profesor de historia eclesiástica, criticó en público las teorías copernicanas. No obstante, cuando Galileo se lo reprochó, en seguida se retractó alegando que sus palabras se las había dirigido a unos colegas, pero sin ánimo de polemizar con nadie.

La reacción de Lorini hemos de considerarla cobarde. En realidad pertenecía a una "sociedad conservadora", cuyos miembros eran sacerdotes, creada para hacer frente a la "Academia de los Linces". Y sus intenciones eran las de extender las protestas contra Galileo por toda Florencia.

El 16 de diciembre de 1611, un artista llamado Ludovico Cardi da Cigoli, ya había advertido a Galileo de estos enemigos religiosos:

"Un amigo mío, un sacerdote que os admira sinceramente, me ha contado que cierto número de hombres malévolos, envidiosos de vuestra virtud y vuestros méritos, se reúnen aquí, en el palacio arzobispal, y ponen a contribución sus cerebros en la malintencionada búsqueda de un modo de haceros daño, aprovechando el asunto del movimiento de la Tierra o cualquier otro. Uno de ellos deseaba que un predicador declarara desde el púlpito que las cosas que vos afirmáis son heterodoxas. El sacerdote que se dio cuenta de la animosidad que aquellos hombres sentían contra vos, contestó como cumplía a un buen cristiano y hombre religioso. Os comunico esto para que tengáis los ojos bien abiertos y estéis prevenido de la envidia y la malicia de estos malhechores."

CAPÍTULO IX

EN LA ROMA QUE LE ACUSABA DE HEREJÍA

La primera acusación desde un púlpito

El 21 de diciembre de 1614, el apasionado fray Tommaso Caccini subió al púlpito de Santa María Novella, en Florencia, y soltó ante sus feligreses todo el veneno que había acumulado contra las teorías de Galileo. Para ello se sirvió de una historia bíblica: el momento en que Josué detuvo el Sol durante veinticuatro horas, con el propósito de que el pueblo de Israel pudiera vengarse de sus enemigos.

En seguida, intentó demostrar que si se aceptara la "falsedad" de que la Tierra gira alrededor del Sol, éste jamás se hubiera parado. Y los feligreses creyeron al sacerdote, porque habían sido educados para considerar que la "voz de la Iglesia", cuando se pronunciaba en el interior de un templo, era dogma de fe.

De esta manera se materializó el primer ataque frontal contra Galileo desde un púlpito. Le seguirían muchos otros, como si se hubiera abierto la veda. La ciudad se sintió conmocionada, a pesar de que la maniobra había surgido de la "Liga de los Pichones".

Brotaron voces defendiendo la verdad

Varios dominicos se sintieron indignados por los ataques de uno de sus hermanos. Pidieron disculpas a Galileo a través de fray Luigi Maraffi, el general de la orden. Al mismo tiempo, reprocharon al padre Castelli su locura con unas palabras en las que se introducían términos tan duros como "jamás debiste aprender a leer, y hasta dudamos que te merezcas el honor de poseer el don de la palabra".

La experiencia de la historia nos ha enseñado que los nobles de corazón, quienes buscan la verdad por los senderos más limpios, creen que son suficientes las palabras. Y cuando reciben una muestra de arrepentimiento, se vuelven a sus casas sin rencor. Pero el enemigo, ése que se desayuna con veneno todas las mañanas, utiliza el cinismo como arma. Dispone de mil caras y se sirve de las mansas en el momento que no se siente apoyado por sus compinches. ¡Ay, cuando recupera las fuerzas!

El contraataque lo protagonizó el obispo de Fiesole. Buscó el escenario de una audiencia pública en Florencia, para recordar que la arrogancia de Galileo estaba quitando el sueño a la Santa Sede. Es posible que esta acción encubriese otra más sucia.

Porque unos ladrones entraron en la vivienda del padre Castelli y le robaron muchos objetos de valor... ¡Entre ellos la carta personal que le envió Galileo, antes de "pulirla" para hacer llegar otra parecida a la gran duquesa Cristina!

La evidencia del robo de la carta

Se pudo saber que la carta había caído en las peores manos, porque el anciano padre Lorini la presentó al Santo Oficio. La iniciativa contaba con la aprobación de su convento, debido a que "ninguno de los representantes de la Iglesia podía tolerar que un orgulloso se atreviera a desafiar las Sagradas Escrituras".

Pero Galileo contaba con grandes amigos hasta entre los funcionarios menores de la Inquisición. Uno de ellos le hizo llegar una copia de la carta de Castelli. Entonces, los dos afectados pudieron comprobar, ya que contaban, a su vez, con copias del original auténtico, que se habían realizado unas "hábiles" manipulaciones al cambiar tres o cuatro palabras, con el fin de que las sugerencias y consejos se transformaran en reproches y denuncias.

La reacción inmediata de los inocentes fue enviar la carta auténtica a un amigo jesuita, para que se la hiciera llegar al cardenal Bellarmino, que era el inquisidor general. Esto no impidió que Castelli fuese interrogado, debido a su condición de sacerdote.

Castelli fue llevado ante el tribunal del Santo Oficio. Este juicio no se parecería en nada al que años más tarde sufriría Galileo.

Después de escuchar sus respuestas y alegaciones, un tribunal menor del Santo Oficio le aconsejó que renunciara a sus ideas sobre que la Tierra giraba alrededor de Sol y a las demás herejías. En el caso de que no lo hiciera, no podían asegurarle que continuase con vida. El acusado pidió unos días de reflexión y le fueron concedidos. Claro que se le ordenó que entregase la carta que recibió de Galileo.

Caccini se transformó en un basilisco

A aquellas alturas pocos creían en las palabras de Caccini, el primer sacerdote que había atacado a Galileo desde un púlpito. No obstante, cuando se presentó ante el Santo Oficio llevaba maliciosamente elaboradas sus nuevas acusaciones: primero, el filósofo y matemático del gran duque de Toscana pertenecía a la "Academia de los Linces", cuyos miembros se habían mostrado enemigos de la Iglesia; segundo, estuvo al servicio del dux de Venecia cuando ésta fue excomulgada; tercero, era amigo de Paolo Sarpi, el sacerdote hereje; cuarto, se jactaba de que había podido demostrar que todos los planetas, lo mismo que la Tierra, giraban alrededor del Sol...

En el tribunal inquisidor había más partidarios de aceptar las acusaciones del basilisco. Y ellos ordenaron que se abriera un proceso contra Galileo. Para nada sirvieron que dos o tres voces se alzaran pidiendo que se no se cometiera tamaña injusticia.

Cuando el acusado se enteró de lo sucedido, no pudo reaccionar porque volvía a encontrarse esclavizado por las enfermedades. Quiso servirse de sus escritos, pues se le había pedido que explicara, a su manera, el momento bíblico de Josué y la parada del Sol.

Cayó en la trampa

Galileo expuso su visión del salmo 19 en una carta que envió a la gran duquesa Cristina. Y dado que ésta la consideró muy correcta, le aconsejó que la publicase. Y en el momento que lo hizo, puede afirmarse que cayó en la trampa.

Porque los teólogos conservadores se hallaban al acecho. Se negaron a que un seglar se hubiera atrevido a interpretar las Sagradas Escrituras y presentaron sus acusaciones ante el Santo Oficio. Sabían que éste ya había abierto un proceso.

Pero nos estamos refiriendo a un grupo de alimañas. En lugar de comenzar los interrogatorios con los "leones" que formaban el entorno de Galileo, los cuales hubiesen salido en defensa de éste, prefirieron recibir a los "chacales", todos ellos compinches de Caccini. Uno de ellos fue Ferdinando Ximenes, un dominico del monasterio de Santa María, que se atrevió a decir que el acusado proclamaba la existencia de un Dios sensual, irónico y lloroso como una mujerzuela.

Se le formularon distintas preguntas y terminó reconociendo que esas opiniones las había oído a terceros. A pesar de que no se le podía considerar un testigo válido, al estar interpretando los comentarios de otros, se recogieron sus palabras porque "convenían a la causa".

Galileo se hallaba muy enfermo. Quería marchar a Roma pero hubiese muerto en el viaje. Como el gran duque Cosme II estaba preocupado por la situación en la que vivía el hombre más famoso de Florencia, habilitó dos plantas de su palacio para ofrecerle el mejor alojamiento y puso a su servicio un escribano y un criado. También le rodeó de los mejores médicos.

Su llegada a la Roma que le acusaba

El 3 de diciembre de 1615, Galileo decidió viajar a Roma. Ya estaba completamente restablecido. El tiempo que pudiera hacer durante el viaje le preocupaba menos que ser recibido por el nuevo embajador de la Toscana, ya que éste, Piero Guicciardini, había mostrado en público que se consideraba su enemigo.

Se encontraba dispuesto a convencer a la Santa Sede con su mejor arma: la razón. Pero desconocía que sus acusadores ya eran demasiado fuertes. De nuevo pudo alojarse en Villa Médicis, lo que le llevó a recordar aquellos tiempos en los que era aclamado como el gran triunfador.

Contaba con el apoyo de los miembros de la "Academia de los Linces", lo que le devolvió el humor y la palabra fascinante. Al lado de intelectuales que le veneraban, volvió a ser el genio imaginativo, desafiante y amigo de la buena mesa, aunque no se pudiera permitir los excesos con el vino, las grasas y los asados.

Discurso sobre las mareas

Uno de aquellos días de grata espera, Galileo comenzó a hablar con el cardenal Alejandro Orsini sobre el fenómeno de las mareas. Su amigo se hallaba relacionado con la familia de los Médicis y acababa de obtener el importante cargo religioso. La conversación resultó tan interesante, que terminó convirtiéndose en un pequeño escrito titulado "Discurso sobre las mareas".

Con la llegada de enero, se hizo evidente que el Vaticano no quería hablar con quien estaba siendo investigado por el Santo Oficio. Esto intranquilizó mucho al afectado, hasta el punto de imaginar que sería condenado sin permitirle defenderse.

Respiraría más tranquilo al ser informado, en febrero, de que la Inquisición había retirado todos los cargos que pesaban contra él. Pero no se sintió libre del todo, debido a que el verdadero propósito de su estancia en Roma era convencer a la Iglesia de la libertad de la ciencia.

La negación de la realidad se hizo dogma

Se sabía que once "especialistas" religiosos habían sido encargados de valorar las nuevas teorías astronómicas. Galileo no tenía muchas esperanzas de lo que pudieran decidir. Sabemos que buscó recomendaciones para que le permitiesen hablar con el Papa o con el cardenal Bellarmino. Y continuamente se tropezó contra una barrera insalvable. Una mañana fue informado de la decisión de los "sabios":

"Creer que el Sol era el centro del universo suponía una teoría absurda y totalmente herética al ir en contra de las

Sagradas Escrituras. Y en lo que se refería a los movimientos de la Tierra, tampoco podían ser aceptados."

La entrevista entre el cardenal Bellarmino y Galileo sería vital para el futuro de las relaciones entre la Iglesia y la ciencia.

De esta manera la ignorancia, o la cerrazón interesada, se convirtió en dogma al contar con el respaldo del Papa Pablo V. El 25 de febrero se permitió que Galileo hablase con el cardenal Bellarmino... ¿Hablar?

La más terrible de las amenazas

El cardenal Bellarmino contaba setenta y seis años y Galileo cincuenta y seis. Cuando se enfrentaron en aquel despacho del Vaticano, teniendo como testigo a uno de los secretarios del Santo Oficio, no podía haber discusión. Porque los religiosos se hallaban armados con la "infabilidad" del Papa, es decir, todo lo que éste daba por cierto era "voz de Dios", y ningún ser humano se hallaba en condiciones de rebatirlo, ni siquiera con el pensamiento.

La infabilidad del Papa no sería reconocida oficialmente por el Vaticano hasta el siglo XIX; sin embargo, desde los comienzos de la Iglesia se aceptaba tácitamente. Y más a partir del Concilio de Trento.

El filósofo y matemático de Florencia pretendió hacer valer sus derechos. Entonces el secretario de la Inquisición le recordó que podía ser llevado a la hoguera si continuaba con esa postura. Debía aceptar la situación, "como todo buen cristiano", y reconocer que se había equivocado.

¿Cómo podía admitir aquella barbaridad un científico que había comprobado con sus ojos, para después analizarlo con una mente racional, que la verdad de la Naturaleza era muy distinta?

Sólo el recuerdo de que podía morir si mantenía su postura le llevó a consentir aquella farsa. Encima debió escuchar unas frases paternalistas, como si él fuera un alumno cogido en falta por un maestro muy condescendiente.

La furia de Galileo

Galileo se sentía tan furioso por haber cedido, que todos sus amigos se dedicaron a tranquilizarle. Pero no lo consiguieron, debido a que la verdadera razón se hallaba en el miedo. El genio de Pisa se acusaba en silencio de haber sido un cobarde. Quizá debió mantener la verdad a costa de su vida. Pero no lo hizo.

Y cuando el embajador de la Toscana le dijo que si hubiera actuado con mayor prudencia, mostrando sus teorías como hipótesis y nunca en plan de afirmaciones rotundas, es posible que la Iglesia ni le hubiese molestado, le mandó callar con un rotundo:

—¡Soy el único responsable de mis errores y de mis aciertos!

También se le aconsejó que abandonase Roma y no lo hizo. El 5 de marzo el Vaticano prohibió la teoría heliocéntrica de Copérnico, pero en ningún momento mencionó a Galileo.

La ceguera mental del genio

El hecho de no haber sido citado llevó a que Galileo creyera que la Iglesia, de alguna manera, le estaba dando plena libertad para que siguiera investigando. Como este planteamiento lo expuso ante algunos de los miembros de la "Academia de los Linces", varios de ellos le advirtieron que se equivocaba. Pero él siguió manteniendo esa ilusión.

Estaba ciego mentalmente, al menos en esta cuestión. Como esperaba que se le condenara de alguna manera, al no haber sido así consideró que volvía a ser el de siempre. Tan libre como para tomar las decisiones que le parecieran mejor.

La segunda entrevista con el Papa

La entrevista que el Papa concedió a Galileo estuvo rodeada de una serie de equívocos, que las palabras amables y casi protocolarias no pudieron esclarecer. Por un lado, Pablo V creyó estar hablando con un "pecador arrepentido", al que se le podía tratar de gran científico cuyas investigaciones benefician a la humanidad; mientras que por otro, el famoso matemático estaba convencido de que se le permitía seguir con sus proyectos, por lo que se mostró muy sumiso y halagador.

Se diría que al despedirse, el padre dejaba marchar a un hijo que ya nunca más se mostraría díscolo. Cuando éste se sentía animado a proseguir. Era tanta su euforia que hasta olvidó las amenazas del secretario de la Inquisición y las palabras del cardenal Bellarmino.

121

Seguiría en Roma tres meses más, hasta que bajo las presiones del gran duque tuvo que regresar a Florencia. Pero lo hizo llevando en su poder una carta del propio cardenal Bellarmino:

"Nos, Roberto Bellarmino, habiendo oído que el señor Galileo Galilei es calumniado o se le atribuye haber abjurado en nuestra presencia, o incluso de haberle sido impuestas por ello saludables penitencias, y siendo solicitada la verdad, decimos que el citado señor Galileo no ha abjurado ante nos ni ante ningún otro aquí en Roma, y menos en otro lugar que nos sepamos, de opinión o doctrina suya alguna, sino que solamente le ha sido comunicada la declaración hecha por Nuestro Señor y publicada por la Sagrada Congregación del Índice, en la que se afirma que la doctrina atribuida a Copérnico, de que la Tierra se mueve en torno al Sol y de que el Sol permanece quieto en el centro del mundo sin moverse de Oriente a Occidente, es contraria a las Sagradas Escrituras, y que, por tanto, no se puede defender ni mantener. Y para dar fe de ello, hemos escrito y firmado la presente con nuestra propia mano."

Se ha querido ver en este escrito una prueba de la debilidad de Bellarmino ante la ciencia. Porque realmente no era ése su pensamiento. Pero al genio pisano se le acababa de proporcionar una de sus mejores defensas, a la vez que contaba con otras de varios cardenales amigos en las que "le reconocían un elevado honor y un amor sincero a la Iglesia".

¿Se había vuelto un buen padre?

Galileo alquiló la lujosa villa Segni, en Bellosguardo, en la que pudo dedicar muchas horas a la agricultura, actividad que le reconfortaba. Buscaba el mejor ambiente para su delicada salud. También encontrarse lo más cerca posible de sus dos hijas, ya que eran monjitas pertenecientes a las "clarisas pobres".

122

*Galileo procuraba visitar a sus hijas en el convento con
relativa frecuencia.*

Sabemos que había maniobrado como un "avaro" para que se las aceptara en el convento sin tener que pagar la obligada dote. Cosa que logró. Con el paso de los años, quizá obligado por lo desamparado que se sentía al caer enfermo con tanta frecuencia, se acordó más de ellas. Una vez a la semana iba a llevarlas flores y algunos regalos, y dado su importante rango se les permitía que estuvieran unos minutos hablando. Tibia manera de recuperar el papel de padre.

El invento del "celatone"

La astronomía parecía haberse alejado de los propósitos científicos de Galileo. Prefirió dedicarse a la mecánica, a la mejora del microscopio, al estudio de la condensación del agua, al fenómeno de las inundaciones y hasta al cálculo de las posibilidades existentes en adivinar con precisión los números que saldrían en una partida de dados.

Entretenimientos sin importancia para una mente tan prodigiosa. Una noche decidió volver a prestar su atención a los satélites de Júpiter. Esto le permitió inventar el "celatone", que era un casco muy singular provisto de varios pequeños telescopios, con el que los capitanes podrían llevar sus barcos orientándose de acuerdo con la posición de los satélites jupeterinos.

Una vez realizó las pruebas en alta mar, el "celatone" fue considerado una posible arma secreta debido a que servía, además, para localizar a los barcos enemigos a una gran distancia. Pero el ingenio resultaba tan complicado si se desconocían los principios astronómicos, que nunca sería utilizado.

La aparición de los tres cometas

Galileo había intentado fallidamente vender su "celatone" al rey de España, Felipe III, y a Leopoldo de Hungría. Mientras tanto, a todos sus achaques se había unido una hernia, que le obligaba a llevar una especie se suspensorio. Débil imagen la que ofrecía al recibir a los importantes huéspedes.

Para empeorar sus males físicos, el invierno de 1618 resultó de los más duros que se habían conocido en Florencia. Se perdieron todas las cosechas y quedó paralizado el comercio de la lana. Al llegar la primavera, Galileo hizo una visita al concurrido santuario de Loreto, que estaba a quinientos kilómetros de distancia. Se creía que allí se encontraba el auténtico portal de Belén, que los ángeles habían transportado por los aires para salvarle del ataque de los paganos.

Una vez hubo realizado este duro peregrinaje, tuvo necesidad de someterse a un largo descanso. Crítico momento para la astronomía, porque estaban apareciendo varios cometas en el cielo. Lo suyo hubiera sido que él se encargara de examinarlos con su telescopio; sin embargo, dejó que otros se ocuparan de esta investigación.

Cuando la ignorancia sienta cátedra

Los telescopios estaban sirviendo más a los ignorantes que a los sabios. Observar el cielo con ojos mediatizados permitía que voces de asnos comenzaran a rebuznar, para que los oyentes que tanto deseaban escuchar lo que les convenía concediesen crédito a la irrealidad.

Esto fue lo que sucedió con el padre Horacio Grassi, un savonés que era responsable de la cátedra de matemáticas en el Colegio Romano y, a la vez, un famoso arquitecto que estaba construyendo la iglesia de San Ignacio. Todo un personaje rodeado de un sólido prestigio.

Dado que fue uno de los primeros que se dedicaron a observar los cometas, cuando escribió un libro sobre éstos muchos le aplaudieron. Para él los cometas debían ser considerados "hijos de Mercurio", que se desplazaban entre la Luna y el Sol. Añadía una docena de argumentos a cual más absurdo, todos los cuales exponía con profusión de datos que sólo podían ser considerados la tramoya de una gran farsa: el heliocentrismo de Copérnico y Galileo no contaba con un apoyo científico.

Al fin Galileo reaccionó

En vista de que el librito de Grassi estaba teniendo tanta aceptación en los círculos romanos, Galileo solicitó la ayuda del abogado Mario Guiducci, que era uno de sus buenos amigos. Le aportó una serie de argumentos, la construcción la obra y el estilo literario. Esto significó que el folleto "Il Saggiatore" o "Discurso sobre los cometas", que Guiducci presentó ante los intelectuales de su Academia, era completamente del genio pisano.

Y por enésima vez en aquellas cuarenta páginas volvió a aparecer la mordacidad del ser humano, poseedor de una lúcida inteligencia, que se enfrenta a una manada de asnos. Galileo no sólo rebatió totalmente las ideas de Grassi, sino que se mostró contrario a Tycho Brahe. Y con esto dio pie a que los jesuitas intervinieran, porque consideraban que Brahe era el único científico que había entendido el movimiento de los astros de acuerdo con las Sagradas Escrituras.

Si estamos comprometidos a sostener la verdad, debemos reconocer que esta obra menor de Galileo es magnífica como literatura polémica. Sin embargo, sus planteamientos astronómicos son inexactos.

CAPÍTULO X

LOS 16 AÑOS ANTERIORES AL LIBRO QUE LE CONDENARÍA

La réplica de Grassi

Grassi replicó a Galileo utilizando el seudónimo de "Lotario Sarsi" en su obra "La balanza astronómica y filosófica". Todo este texto era una crítica mordaz, un insulto contra un genio. Pero al estar construido con los mimbres de una redacción florida, unos ejemplos cómicos y unas mentiras disfrazadas de verdades, las gentes interesadas le dieron crédito.

Se estaba librando una pelea desigual, en la que los jesuitas lanzaban los golpes sabiendo que tenían asegurada la victoria real, aunque nunca pudiera ser la moral, la auténtica. En su obstinación, estamos convencidos de que creían sinceramente hallarse en posesión de la verdad. Habían acumulado tanto poder, eran demasiados, que se negaron a aceptar que un solo hombre pudiera tener más razón que ellos.

Recurrió a sus amigos jesuitas

Galileo venía tratando con un buen número de jesuitas, a los que consideraba sus amigos. Recordaba sus cartas elogiosas, el respaldo a su labor investigadora y las charlas en las que todos ellos le daban la razón, sin acallar sus elogios más encendidos.

Escribió a los que consideraba más importantes, que le respondieron con términos amables. Sin que faltaran las bromas, debido a que algunos le hablaban de que "hemos estado conspirando contra vos, pero al final nos hemos reconocido inferiores a vuestro intelecto". Esto no pudo tranquilizarle.

En 1619, decidió finalizar su obra "Armonía del mundo", en la que fue incapaz de contener su sarcasmo. Sin buscarlo intencionadamente, se introdujo por entero en los terrenos intelectuales que llevaron a Giordano Bruno a la hoguera.

La guerra contra los protestantes

Los jesuitas de toda Europa se enfrentaban a peligros mayores que los escritos de Galileo. Por el momento, dejaron aparcadas sus críticas. Les importaba más intervenir en la guerra contra los protestantes, debido a que cuando éstos conquistaban una ciudad su primera decisión era expulsar a los miembros de la Compañía de Jesús.

El 8 de noviembre de 1620, los ejércitos protestantes fueron derrotados en las proximidades de Praga. Y el Vaticano respiró aliviado, porque había creído que su predominio se hallaba muy amenazado.

Dos años de muertes muy sonadas

La serie de muertes de grandes personajes dio comienzo el 28 de febrero de 1620, con el fallecimiento del gran duque Cosme II. Le sucedería su hijo Ferdinando, pero como sólo contaba diez años, la regencia quedó en manos de la gran duquesa Cristina. Esto supuso que Galileo perdiese a su gran protector.

El 16 de enero de 1621, un ataque de apoplejía se llevó al Papa Pablo V. Dejaría el trono pontificio a Gregorio XV, que se encargaría de convertir a los jesuitas en la congregación más poderosa de la Iglesia. En septiembre del mismo año, fue enterrado el cardenal Bellarmino, cuya negra fama consistía en haber conducido a la hoguera a Giordano Bruno y en ser quien inició el ataque del Santo Oficio contra Galileo.

"El ensayador"

     La contundente réplica de Galileo a Grassi se encuentra en su libro "El ensayador". Comenzó a escribirlo en 1621 y tardó un año en terminarlo. El 22 de febrero de 1622, pudo contar con la aprobación del Vaticano para su publicación. La impresión volvió a ser financiada por la "Academia de los Linces".

En la portada de "El ensayador" aparecía este dibujo de Galileo.

Mientras se estaban leyendo las pruebas de la obra, falle
ció el Papa Gregorio XV, al que sucedería Urbano VIII. Éste había
sido el cardenal Maffeo Barberini, un personaje astuto, felino y de
una engañosa cortesía. Por Roma corría esta frase:"Lo que no
hicieron los bárbaros, lo estaban haciendo los Barberini". En ciertos momentos el cardenal había considerado un honor ser amigo
de Galileo. Claro que eso quedaba demasiado lejos...

La familia Barberini

La familia Barberini procedía de Florencia y estaba
compuesta por príncipes y grandes comerciantes. Galileo siempre se había llevado bien con todos ellos, como lo prueba que
uno de sus mejores amigos fuese sobrino del nuevo Papa. Nos
referimos al cardenal Francesco, para el que pudo conseguir,
años atrás, un doctorado en la Universidad de Pisa.

La situación parecía de lo más favorable para el autor de
"El ensayador". Uno de los primeros ejemplares fue enviado al
Vaticano, desde el que salieron unos comentarios muy favorables. Esto animó a que fueran muchos los que pidieran a Galileo
que se mostrara más audaz en su nueva obra.

Los ilusos de la "Academia de los Linces" estaban convencidos de que el más famoso de sus miembros acababa de
enterrar, para siempre, las teorías aristotélicas.

El largo camino hasta Roma

En la primavera de 1624, Galileo decidió volver a
Roma. Acababa de perfeccionar el microscopio, cuyo invento se
atribuía, cuando en realidad pertenecía al holandés Zacarías
Jansen. Su único mérito había sido encontrarle una aplicación
científica.

Cuando se puso en camino, empezaron a herirle las
enfermedades. Se vio obligado a realizar varias etapas en diferentes palacios y residencias de sus amigos, todos los cuales le
trataron como si fuera su padre. Además, siempre se vio acompañado por algunos de los "linces".

En el momento que se sintió bien, terminó de recorrer el camino hasta la ciudad eterna. Aquí comenzó a "aterrorizar" a los cardenales por medio del microscopio. Aquellos hombres no estaban preparados para contemplar a los "moradores de una gota de agua". Pero todos reaccionaron de la misma forma: una vez vencido el susto, elogiar la afición de Galileo por inventar los ingenios más sorprendentes.

Las seis entrevistas con el Papa

Jamás se había conocido en el Vaticano que un Papa recibiera a la misma persona seis veces distintas en un solo mes. Este honor le correspondió a Galileo. La relación entre estas dos personas alcanzó tal grado de entendimiento, que Urbano VIII concedió un pensión a Vincenzo, el hijo de Galileo.

Sin embargo, en medio de las audiencias, el Santo Padre se daba un tiempo para hablar con sus ayudantes de temas militares. En estos casos él era el único que llevaba el peso de la conversación, sin dejar intervenir a los demás.

En una de aquellas entrevistas, Galileo planteó el tema copernicano, y se fue a encontrar con que el Papa le respondía con una serie de evasivas. Al final, le aconsejó que en sus nuevos escritos utilizase las hipótesis dentro de un discurso literario.

Y en la última de las audiencias, el genio pisano fue obsequiado por el Santo Padre con una medalla de oro y otra de plata. Pero lo más importante fue que se le entregó una carta cargada de parabienes.

El verdadero Urbano VIII

A las pocas semanas de que Galileo abandonase Roma, el Vaticano procesó a Marco Antonio de Dominis, obispo de Split. Las acusaciones que pesaban sobre éste eran haber llevado a Inglaterra los escritos del excomulgado Paolo Sarpi sobre las acciones de la Inquisición en Venecia y otros delitos, que también se consideraban herejías.

Sometido a unos largos interrogatorios, murió durante uno de ellos. Algo que no detuvo el juicio, ya que Urbano VIII ordenó que continuara. Y dado que la condena fue la hoguera, se realizó todo el macabro ritual con el ataúd y el cadáver, que fue quemado en el Campo dei Fiori, el mismo lugar donde se hizo lo mismo con el inocente Giordano Bruno.

Esta tragedia permitió conocer la verdadera catadura moral de Urbano VIII. Había demostrado ser más conservador que sus predecesores y, al mismo tiempo, que poseía una condición de juez implacable.

El planteamiento de la nueva obra

Las noticias que llegaban de Roma no eran nada halagüeñas para Galileo. Porque el obispo de Split había sido uno de sus alumnos, y no podía olvidar que Paolo Sarpi le ayudó en momentos muy cruciales. Le debía el mayor de sus triunfos: retener al holandés que llevaba el catalejo, para que él fuese el primero en enseñar el suyo al dux y a los senadores de Venecia.

Siguieron días de intranquilidad, que parecieron aliviarse al conocer que un sacerdote se había atrevido a acusarle de hereje por citar en "El ensayador" la cuestión de los átomos y las partículas. Al mantener estas ideas atacaba los fundamentos de la Eucaristía. Sin embargo, varios cardenales y otros altos dignatarios de la Iglesia intervinieron para acallar al imprudente.

Teniendo en cuenta estos apoyos, se animó a pensar en una nueva obra. Pero debía tener en cuenta los consejos del Papa. Se serviría de tres personajes, lo plantearía como un diálogo y en ningún momento expondría las ideas más peligrosas como afirmaciones. Mostraría los razonamientos de un defensor de las teorías de Tolomeo y las de un seguidor de Copérnico, a los que acompañaría alguien que estaba en contra del heliocentrismo.

Lo que realmente consiguió

Galileo se hallaba en deuda con su amigo Sagredo, quizá con el que más se divirtió. Recordaba la nobleza de aquel joven que marchó a Alepo como cónsul, de donde volvió queriendo recuperar el trato interrumpido. Todo un imposible. Siguieron relacionándose por carta, para alimentar la nostalgia de momentos muy hermosos e irrecuperables.

Representación de los tres personajes que intervienen en el más famoso libro de Galileo. Se puede observar que su nombre se acompaña con el término Linceo. Éste corresponde a su condición de miembro de la "Academia de los Linces."

Hasta que en 1620 murió aquel hombre siempre empeñado en salvar a su admirado compañero. Nunca dejó de aconsejarle que regresara a Venecia, donde se encontraría a salvo de los ataques de la Iglesia. Sagredo merecía ser inmortalizado en un libro.

Otro personaje que debía recibir el mismo premio era Filippo Salviati, por haber sido uno de los mejores colaboradores de Galileo. También había muerto. El fatal desenlace ocurrió en 1613, después de un agitado viaje que le llevó a Barcelona.

El tercer personaje no representaría a un solo individuo sino a muchos: el grupo de obstinados en la ignorancia. Por eso le dio el nombre de Simplicio. Y a pesar de que Galileo intentó explicar que había querido recordar a Simplicius, el filósofo griego, todos verían reflejado a Cesare Cremonini o a cualquiera de los religiosos que tanto le habían combatido. Y si se hilaba más fino, podría llegarse a descubrir al Papa Urbano VIII.

Como escenario eligió la veneciana residencia de Sagredo, donde ambos pasaron momentos tan dichosos.

La relación con su familia

Alrededor de 1628, Galileo mantenía una relación más constante que nunca con sus dos hijas. Preferentemente, con la mayor: sor María Celeste. Las llevaba obsequios, partituras musicales y en una ocasión reparó el reloj del convento. Pero nunca las sacó de aquellas míseras paredes, donde las infelices se "morían" de hambre y de frío. Con el agravante de que la menor, sor Arcángela, había intentado suicidarse en varias ocasiones. En estos casos su padre se limitó a enviar un médico.

La explicación que se nos ocurre, ante el comportamiento de Galileo, es que no quiso enfrentarse a la Iglesia, debido a que la ruptura de los votos de unas monjas suponía una de las acciones que más se castigaban. Algunos historiadores recuerdan que por aquellos tiempos sus cuñados, sobrinos y demás parientes habían vuelto a la carga y le estaban agobiando con sus demandas económicas.

Por otra parte, durante 1629 recibió una grata noticia al saber que su hijo Vincenzo, que se había graduado en derecho un año antes, acababa de casarse con Sestilla Bocchineri, hermana de Geri Bocchineri, que era agregado a la secretaría del gran duque Ferdinando II, y de Alessandra Bocchineri, a la que Galileo tanto adoraría en los últimos años de su vida.

La compañía de un gran amigo

Desde 1624 Galileo se venía relacionando con Cesare Marsili, que ya era su mecenas en muchas cuestiones. Pertenecía a la "Academia de los Linces" y se veían con frecuencia. Por este motivo, fue el primero en conocer el argumento del nuevo libro.

Casi seis años tardaría en ser finalizado, lo que hemos de considerar lógico al ser su autor un enfermo que caía frecuentemente en unas crisis vitales más o menos prolongadas. Además, se ocupaba de otros trabajos con los imanes y el cálculo matemático.

El gran ducado de Toscana había pasado a manos de Ferdinando II, dado que ya había cumplido los diecinueve años. Una de sus primeras decisiones fue nombrar a Galileo miembro del Consejo de los Doscientos, con lo que le convirtió en un político.

El azote de la peste

Un año más tarde toda la hermosa región de Florencia se vio azotada por la peste, al parecer traída por unos grupos de desertores de los campos de batallas de los Alpes. Murieron millares de personas, hasta que con el fuego se detuvo la epidemia.

Mientras tanto, Galileo estaba terminando su "Diálogo sobre los dos grandes sistemas del mundo: Tolomeo y Copérnico". Cuando estimó que se hallaba listo para ser impreso, quiso que lo conocieran sus compañeros de la "Academia de los Linces". Todos se mostraban muy impacientes, porque estaban convencidos de que la obra sería la más grande escrita por aquel hombre superior.

Una noticia diabólica

El encuentro de Galileo con sus compañeros "los linces" se produjo el 3 de mayo de 1630. Todos se sentían muy optimistas. Súbitamente, se encontraron con una diabólica noticia publicada en el *Avvisi,* que era uno de los periódicos de Roma:

"El prestigioso matemático y astrólogo Galileo acaba de llegar a nuestra ciudad, donde pretende editar una obra en la que se critican infinidad de opiniones que defienden los jesuitas. Nos ha permitido conocer que doña Anna tendrá un hijo varón, que Italia conseguirá la paz a finales de junio y que más tarde fallecerá el Papa."

Aquello era un libelo, una sarta de mentiras que buscaban hundir al aludido. La información llegó a un lugar donde se creía totalmente en la astrología, pues hasta Urbano VIII ordenaba que le informasen de su horóscopo diariamente. No obstante, en la primera audiencia que sostuvieron el Papa y Galileo no se refirieron a ningún tema conflictivo.

Se debía huir de Roma

Durante las semanas siguientes, Galileo obtuvo los correspondientes permisos de los censores. Le aconsejaron que realizara una pequeñas modificaciones en el texto: y ya pudo pensar en volver a Florencia.

Le preocupaba el inmenso calor que hacía en Roma. Temeroso de que llegara la peste, huyó de allí no sin antes despedirse de todos sus amigos. Siempre encontraba tiempo para quedar bien con sus aliados. Vaya, hemos de reconocer que hubo excepciones, como al pactar el contrato secreto con el gran duque de Toscana para dejar la Venecia que le había dado tanta fama.

La muerte de Federico Cesi

El 1 de agosto de 1630 murió el príncipe Federico Cesi, que había sido uno de los grandes mecenas de Galileo. Suya fue la idea de crear la "Academia de los Linces". Intelectual independiente, poseía tales influencias en Roma que se le había permitido contravenir muchas prohibiciones religiosas. Ya sabemos que en su biblioteca se encontraban infinidad de libros de los declarados heréticos por el Santo Índice. Con esta pérdida Galileo se sintió más abandonado que nunca. Y si reaccionó fue porque la peste había vuelto a Florencia.

Es posible que Galileo se salvara de la peste gracias a una bebida que preparaba su hija sor María Celeste.

A pesar de ser un enfermo crónico, pudo salvarse de la gran mortandad. La ciudad quedó bajo cuarentena, con lo que se cerraron todas sus comunicaciones con el mundo. La tragedia se hallaba en cada una de las casas y los médicos debían trabajar las veinticuatro horas del día. Se recurrió a los remedios más inverosímiles, sin conseguir grandes resultados. Es posible que el genio de Pisa utilizase uno que le preparó su hija sor María Celeste, cuyo contenido quedó recogido en esta carta:

"Os mando dos vasijas de electuario como defensa contra la peste. El contenido de la que no tiene etiqueta lo he elaborado con higos secos, nueces, ruda y sal, mezclados con miel. Ha de consumirse por la mañana, en ayunas, pero una dosis del tamaño de una nuez, con un poco de vino griego o de algún otro vino de calidad. He oído contar que su eficacia es maravillosa. Quizá el que os envío está muy hervido; no caímos en la cuenta de que los higos tienden a apelotonarse cuando se cuecen. El contenido de la otra vasija debe ingerirse de la misma forma; su sabor resulta bastante agridulce. Si deseáis seguir tomando alguno de ellos, la próxima vez intentaremos prepararlo mejor."

CAPÍTULO XI

A MERCED DE LA INQUISICIÓN

El libro debía ser publicado

Mientras tanto, Galileo había decidido publicar el libro aunque le faltase el permiso definitivo de Roma. Recurrió a un prestigioso impresor llamado Landini que se había librado de la peste. Este trabajo se prolongó durante dos meses, ya que el autor corregía las planchas minuciosamente.

Antes de que se procediera a la encuadernación, ya estaba recibiendo Cesare Marsili treinta ejemplares a pesar de que les faltara el "imprimátur" de la Iglesia. Tardaría en recibirse varios meses. Pero llegó junto con el prefacio, que había sido escrito con un estilo farragoso para dejar claro que la obra en ningún momento estaba defendiendo las ideas de Copérnico. Venía acompañado del siguiente consejo:

"Debe ponerse en el primer folio, aunque con libertad para que el autor lo cambie o adorne en cuanto a las palabras. Pero debe mantenerse su contenido."

Lo ajeno fue bien destacado

Galileo aceptó la imposición de los censores. Pero ordenó que el prólogo apareciera con otro tipo de letra, para que lo ajeno quedase bien destacado. Hizo más que esto: en uno de los pasajes del diálogo entre Sagredo y Salviati, dos de los personajes de la obra, se mencionaba el "atropello" científico y literario.

Para que adquiramos una mayor conciencia de la infinita injusticia que se iba a cometer con Galileo, debemos contar que cuando los jesuitas en Roma luchaban contra las teorías de Copérnico, sus hermanos misioneros hacían todo lo contrario. Los que se encontraban en China no dudaban en enseñar a los mandarines las ideas sobre que la Tierra y los planetas giraban alrededor del Sol.

Las primeras apasionadas alabanzas

Como era su costumbre, Galileo envió un ejemplar del "Diálogo sobre los dos máximos sistemas del mundo: Tolomeo y Copérnico" a los personajes más famosos de Italia. Y a las pocas semanas ya estaba recibiendo las primeras apasionadas alabanzas. Quienes habían conocido a Sagredo, se admiraban de que se le hubiera reflejado con una fidelidad tan prodigiosa y, al mismo tiempo, se le concediera un intelecto que, sin ser el suyo, demostraba que el autor le estimaba tanto que le veía de esa forma sublime.

El libro fue recibido con los mayores aplausos por toda Europa. No hay duda de que resultaría muy complicado localizar, en cualquier lugar del mundo de aquella época, un texto en que el interés y la elegancia del estilo se combinasen de una forma tan original con la energía y la nitidez de la exposición científica. Así lo demostró Tomasso Campanella nada más leerlo:

"Todas las cosas me han complacido, y advierto cuánto más constructivo es vuestro modo de razonar que el de Copérnico, aunque éste lo considere fundamental... Todas las novedades sobre verdades antiguas, de mundos nuevos, de nuevas estrellas, de nuevos sistemas, de nuevas naciones, etc., son el comienzo de un siglo nuevo."

Es evidente que el tono general de esta obra extraordinaria infringía las prohibiciones del Santo Oficio, que el autor se comprometió a obedecer dieciséis años atrás. Los irónicos comentarios con los que daba comienzo y la intencionada ambigüedad de su final apoyaban las teorías copernicanas.

Un detalle anecdótico lo encontramos en que Galileo manejaba un error en este libro: creía que el flujo y el reflujo de las mareas obedecía al doble movimiento de la Tierra, especialmente a las diferencias de velocidad de las órbitas de giro alrededor del Sol. El caso ha de resultar más singular, si tenemos en cuenta que uno de los personajes se burlaba de la teoría de Kepler, cuya validez se reconoce actualmente, sobre que las mareas se hallaban relacionadas con la atracción de la Luna.

La indignación del padre Scheiner

El padre Christopher Scheiner compró en Roma el libro. Le costó diez coronas. Y cuando estaba leyendo la tercera jornada, se vio reflejado de una forma humillante por haberse atrevido a criticar las manchas solares. Tan indignado se sintió, que corrió a hablar con el padre Horacio Grassi, debido a que éste también había sufrido las críticas de Galileo.

Los dos jesuitas rencorosos buscaron el apoyo de toda la Compañía. La consiguieron con mayor contundencia de lo que esperaban. En seguida se reprochó al padre Riccardi que hubiese autorizado la publicación de una obra herética. Y éste el 7 de agosto escribió al inquisidor de Florencia para que fuesen secuestrados todos los ejemplares que se encontraran a la venta. Y si se consideraba oportuno, se procediera a ir casa por casa a recuperar los demás.

No hay ninguna duda de que cada una de estas acciones represivas contaba con el respaldo del Papa. La orden del Santo Oficio la recibió el editor Landini a finales de agosto.

La Inquisición se puso en marcha

La situación no podía ser más desesperada. Galileo fue informado de que el Papa había nombrado un comité investigador para que comprobase el libro denunciado. De esta manera la Inquisición se puso en marcha. Presidía el grupo de "vigilantes de la fe" Francesco Barberini, el confesor personal de Urbano VIII y un jesuita enemigo de las teorías de Copérnico. No había ni un solo matemático.

La encerrona había sido preparada con todos los agravantes para el acusado. Éste pidió ayuda al gran duque de Toscana, el cual ordeno a su embajador que se entrevistara con el Papa.

La audiencia en el Vaticano tuvo lugar a los pocos días, pero resultó la prueba más rotunda de que era imposible convencer a Su Santidad. Porque cuando tomaba una decisión, en base a su "infabilidad" jamás daba marcha atrás. Tampoco mostró debilidad en sus razonamientos; al contrario, a todos los planteamientos del diplomático florentino contestó con gritos, insultos y acusaciones. Especialmente, cuando estalló con esta desmedida afirmación:

—¡Se ha atrevido a burlarse de mí!

Al parecer, los acusadores le habían demostrado que el personaje Simplicio era él. Ya sabemos que no era cierto; sin embargo, los enemigos hilaron muy fino, hasta dar con unas referencias que podían servirles.

Frente a la irracionalidad del Vaticano

El embajador Niccolini creía que el paso del tiempo era un arma diplomática. Frente a la irracionalidad del Vaticano, esperó al 4 de septiembre para presentar su informe. Sin embargo, ocultó la cólera y los desafíos de Urbano VIII. Se limitó a pedir que Galileo ofreciese una rectificación personal al Papa, en la que demostrara que nunca quiso reflejarle en el personaje de Simplicio.

Y para envenenar más la cuestión, el comité de investigadores presentó ocho acusaciones contra el libro. Una de las cuales consistía en haber puesto la doctrina de la Iglesia en la boca de un estúpido. Algo que era mentira, dado que Galileo, en el caso de pensar en alguien, más bien reflejó a Ludovico Colombe, uno de los componentes de la "Liga de los Pichones".

Aparece un acta del cardenal Bellarmino

Los buitres descubren un cadáver a muchos kilómetros de distancia. Lo mismo hizo uno de los jesuitas encargados de los archivos del Santo Oficio, porque recordó un acta del cardenal Bellarmino, en la que aparecían las amonestaciones que éste formuló a Galileo para que nunca defendiese las teorías copernicanas. El documento no llevaba la firma del fallecido, pero sí su sello. Y contenía este texto:

Galileo enseñando a un clérigo el sistema heliocéntrico de Copérnico.

"En el palacio, residencia habitual del ya nombrado cardenal Bellarmino, el citado Galileo, que había sido convocado, puesto en pie ante Su Excelencia, en presencia del muy reverendo padre Miguel Ángel Seghiti de Lauda, O. P., comisario general del Santo Oficio, fue amonestado por el cardenal del error de la citada opinión para que la abandonara, e, inmediatamente después (*sucesive ac incontinenti*), en mi presencia y en la de otros testigos y del señor cardenal, que aún se hallaba en la estancia, el citado comisario mandó al mencionado Galileo, allí presente, y le ordenó en nombre propio, en nombre de Su Santidad el Papa y en nombre de todos los cardenales de la Congregación del Santo Oficio, que abandonara completamente la opinión en litigio, a saber: que el Sol es el centro del universo y no se mueve, y que la Tierra se mueve, y que no la mantuviera, enseñara ni defendiera, en modo alguno, ni oralmente ni por escrito. En caso contrario, se procedería contra él por el Santo Oficio. El citado Galileo aceptó esas normas y prometió obedecerlas.

Dado en Roma, en el lugar ya mencionado, en presencia del reverendo Badino Nores, de Nicosia, en el reino de Chipre, y Agustino Mongardo, de la diócesis de Montepulciano, testigos ambos que pertenecen a la casa del citado señor cardenal."

Así se dispuso de la prueba que se consideró definitiva: el hereje escuchó la prohibición, prometió respetarla y, al final, había terminado por incumplir su palabra. Esto suponía una doble culpabilidad: "pecar a conciencia de que se está pecando".

"¡Basta! ¡Es suficiente!"

El 15 de septiembre se anunció oficialmente que el caso abierto contra Galileo había quedado en manos de la Inquisición. El embajador Niccolini volvió a solicitar audiencia papal y le fue concedida sólo para escuchar de Urbano VIII esta exclamación:

—¡Basta! ¡Es suficiente!

144

Sólo dos veces debió repetirlo, para que el diplomático comprendiese que sus alegaciones no serían atendidas. Sin embargo, se le obligó a escuchar una anécdota sobre el rígido comportamiento de los cardenales censores. Al parecer un escritor entregó un manuscrito para que fuese revisado. Pidió que si hubiera una incorrección en el texto, se indicara con una gotita de cera. Al cabo de unos meses, se le entregó la obra y la encontró completamente limpia, lo que le llevó a creer que ya podía publicarla. Entonces, el cardenal le dijo que si amaba su vida no lo hiciera, debido a que el texto resultaba tan herético que se hubiera necesitado una vasija entera de cera para indicar todos sus atentados contra la fe.

La angustiosa carta de Galileo

El 13 de octubre, Galileo escribió una angustiosa carta al cardenal Francesco Barberini:

Que ese Diálogo mío publicado últimamente había de tener contradictores, era ya algo previsto por mí y por todos mis amigos, pues así lo aseguraban los choques de las obras mías anteriormente enviadas a la imprenta, y porque así sucede frecuentemente con las doctrinas que se alejan de las opiniones corrientes y conocidas. Pero que la aversión que se siente ante mis escritos... resultara tan poderosa que introdujera en las mentes santísimas de los superiores que esta obra mía es indigna de ser publicada, es algo completamente inesperado para mí; por ello, la orden que se dio hace dos meses al impresor y a mí de no permitir la salida de este libro mío resultó un aviso excesivamente grave. No obstante, me servía de gran alivio la serenidad de mi conciencia, que me convencía de que no resultaría complicado demostrar mi inocencia...

No puedo ocultar que la intimidación que se me ha presentado en los últimos días, por orden de la Sagrada Congregación del Santo Oficio, de que he de presentarme dentro de este mismo mes delante de ese excelso Tribunal, me ha causado una

enorme aflicción; al mismo tiempo que considero personal-
mente el fruto de todos mis estudios y fatigas de tantos años, los
cuales en otra época habían rodeado mi nombre de una fama
nada oscura a oídos de los ilustrados, se han transformado
actualmente en graves acusaciones contra mi reputación, al
haber proporcionado armas a todos mis rivales para atacar a
mis amigos... al convencerles de que yo merezco finalmente
comparecer ante el Tribunal del Santo Oficio, acto al que no
debe someterse a quienes no han delinquido gravemente. Esto
me apena de tal manera que me obliga a odiar todo el tiempo
que he empleado en esta suerte de estudios, por los cuales pre-
tendía y aguardaba poder abandonar el camino trillado y vul-
gar de los estudiosos, y al invitarme a que me arrepienta de
haber presentado al mundo parte de los hechos que he realiza-
do, me empuja a suprimir y condenar al fuego los que perma-
necen en mi mano, para saciar definitivamente el hambre de
mis enemigos, ante los cuales tan hirientes resultan mis pensa-
mientos...

... Estaré muy dispuesto a explicar por escrito en una
carta, de forma sincera y minuciosa, toda la evolución de las
cosas dichas por mí, desde el primer día que nacieron revuel-
tas sobre el libro de Nicolás Copérnico y su nueva teoría... de
forma que no haya nadie que, liberado de la pasión y sin alte-
rar su ánimo, no reconozca que me he comportado tan devota
y católicamente que en compasión superior no hubieran conse-
guido superar ni uno solo de los Padres a los que hoy honra-
mos con el título de la santidad... Todos entenderán que no he
decidido intervenir en esta empresa sino por el celo de la Santa
Iglesia y con el fin de ofrecer a los ministros de éstas aquellas
noticias que mis prolongados estudios habían obtenido, y de
varias de las cuales acaso podía sentirse alguno necesitado,
por tratarse de materias oscuras y alejadas de las doctrinas
habituales...

Debía presentarse en Roma o le encadenarían

En octubre el Santo Oficio rechazó la petición de Galileo de aplazar el juicio. Y cuando el embajador Niccolini se entrevistó con el Papa, para anunciarle que el acusado podía morir en el viaje ya que estaba muy enfermo, recibió esta respuesta:

—Traerle en una litera, que Nos le esperaremos. Debió pensarlo antes de caer en herejía.

Galileo fue obligado a viajar a Roma materialmente tumbado en una litera. Pero tardaría en llegar.

Más de cuarenta días pasó Galileo en la cama. A su cabecera llegó un médico inquisidor, para comprobar la gravedad de la enfermedad. Con aire desconfiado recogió los certificados de tres médicos, en los que se demostraba que el paciente tenía fiebre, sufría graves debilidades estomacales, insomnio permanente y una hernia grave con ruptura de peritoneo. Y añadía este comentario:

"Si tales síntomas se agravaran, su vida correría peligro de muerte."

Dos días antes de fin de año, llegó a Florencia una orden que no admitía disculpas: "El señor Galilei debe viajar a Roma o se le llevará encadenado." El gran duque de Toscana pidió al anciano más famoso de Florencia y del mundo que obedeciera. Y éste se puso en marcha.

La peste le detuvo en el camino

El 20 de enero de 1633, Galileo subió a su litera dispuesto a viajar a Roma. Pero la peste que asolaba la región se lo impidió durante varias semanas. Debió respetar la cuarentena en diferentes ciudades, hasta que el 13 de febrero llegó a la Villa Médicis. Allí le esperaba el embajador Niccolini.

A los pocos días, visitó al cardenal Francesco Barberini, del que consiguió que se le permitiera residir en la embajada de Toscana en lugar de ser encerrado en la prisión del Santo Oficio. A cambio debía mantenerse en silencio y no relacionarse con ninguno de sus amigos.

Una espera interminable

Más de cuatro meses debió esperar Galileo a ser interrogado. Durante este tiempo, Niccolini pidió al Papa que se adelantara el proceso debido a la salud del acusado. Pero la táctica de la Iglesia consistía en alargar el tiempo, con el único propósito de que el "hereje" sufriera la incertidumbre de no conocer su suerte.

Lo que sí respetó Galileo fue la incomunicación, tal vez porque se sentía muy enfermo. Lentamente, a base de ser muy riguroso con su dieta alimenticia, consiguió restablecerse. Así le encontró el clérigo inquisidor que le visitó para someterle a un breve interrogatorio.

Éste resultó tan suave que el genio pisano creyó que su situación no parecía tan crítica. El paso del tiempo le llevaría a cambiar de opinión. Quizá más porque le estaban volviendo los terribles dolores artríticos en las piernas.

En el palacio del Santo Oficio

El 13 de abril de 1633, Galileo fue conducido al Vaticano. Le introdujeron en el palacio del Santo Oficio y le llevaron a unos sobrios aposentos que eran ocupados por altos funcionarios de la Inquisición. Se le estaba concediendo un trato muy especial, como él mismo reconoció tres días más tarde al escribir a su amigo Geri Bocchineri:

Contrariamente a lo que se acostumbra, se me han asignado tres amplias y confortables habitaciones, parte de la residencia del fiscal del Santo Oficio, con autorización para moverme libremente en mi espaciosa residencia. Mi salud es buena, lo que debo agradecer, además de a Dios, a los grandes cuidados del embajador y de su esposa, que están atentos a proporcionarme todas las comodidades, más de las que necesito.

CAPÍTULO XII

EL VEREDICTO QUE NECESITABA LA IGLESIA

El primer interrogatorio ante el inquisidor

El 12 de abril Galileo fue llevado ante el Tribunal. Tras una mesa se encontraba el inquisidor, Vincenzo Maculano; a la izquierda estaba el fiscal, cuyo nombre era Carlo Sincero, y más allá se veía a la monja que haría de escribana. Todos eran dominicos. Éstas son las actas del primer interrogatorio:

GALILEO: *En lo que se refiere a la controversia surgida en torno a la mencionada opinión según la cual el Sol permanece inmóvil y la Tierra gira, la Sagrada Congregación del Índice tomó la resolución de que considerar tal opinión como un hecho establecido contradecía a la Sagrada Escritura, por lo que únicamente podía admitirse como hipótesis, de la misma forma que Copérnico la había expuesto.*

MACULANO: ¿Os fue comunicada tal decisión? ¿Y por quién?

GALILEO: *La decisión de la Sagrada Congregación del Índice me fue comunicada por el cardenal Bellarmino.*

MACULANO: Debéis aclarar lo que Su Eminencia el cardenal Bellarmino os dijo respecto a la mencionada decisión y si os informó de algo más sobre el asunto.

GALILEO: *El señor cardenal Bellarmino me hizo conocer que la opinión de Copérnico podía sostenerse como conje-*

151

tura, de la misma forma que el propio Copérnico la sostuvo, y Su Eminencia tenía conciencia de que, como Copérnico, yo mismo no sostenía esa opinión más que como una conjetura. Esto resulta evidente en la respuesta del mismo señor cardenal a una carta al padre Paolo Antonio Foscarini, provincial de los Carmelitas, carta de la que tengo copia y en la que aparecen las palabras: "Creo que Vuestra Reverencia y el señor Galileo obran sabiamente conformándose con hablar ex suppositione *y no con certeza." Esta carta del cardenal lleva la fecha del 12 de abril de 1615. De ella se sigue, aunque con otras palabras, que la opinión de Copérnico no debe sostenerse ni defenderse como una verdad absoluta.*

(Se pidió a Galileo que diera cuenta del decreto de febrero de 1616.)

GALILEO: *En el mes de febrero de 1616, el señor cardenal Bellarmino me dijo que, como la opinión de Copérnico, tomada absolutamente, era contraria a la Sagrada Escritura, no debía sostenerse ni defenderse; pero que, presentada hipotéticamente, sí se podía sostener, y que en ese sentido se permitía escribir sobre ella. De acuerdo con esta opinión, poseo un certificado del citado señor cardenal Bellarmino, dado el 26 de mayo de 1616, en el que se dice que la opinión de Copérnico no puede sostenerse ni defenderse, por ser opuesta a la Sagrada Escritura; aquí entrego una copia de ese certificado.*

MACULANO: ¿Cuándo se os hizo esa comunicación? ¿Había otras personas presentes? ¿Quiénes eran?

GALILEO: *Cuando el señor cardenal Bellarmino me comunicó lo que acabo de mencionar sobre las opiniones de Copérnico, estaban presentes algunos padres dominicos, pero yo ni los conocía ni he vuelto a verlos desde entonces.*

MACULANO: Sobre ese asunto, ¿os fue comunicado algún otro mandato, en presencia de esos padres, por el cardenal Bellarmino o por alguna otra persona? ¿Cuál fue ese mandato?

GALILEO: *Recuerdo que los hechos sucedieron de esta manera: el señor cardenal Bellarmino me hizo llamar una maña-*

na y me comunicó ciertos detalles que antes de comentarlos con nadie yo debía trasladar a los oídos de Su Santidad. Pero lo que en definitiva me dijo fue que las ideas de Copérnico, por ser contrarias a la Sagrada Escritura, no debían sostenerse ni defenderse. He olvidado si esos padres dominicos estaban presentes desde un principio o si llegaron luego; tampoco recuerdo si estuvieron presentes cuando el señor cardenal me dijo que la opinión en litigio no se debía sostener. Puede que se me ordenara que no sostuviera ni defendiera la opinión en litigio, pero han pasado muchos años y no lo recuerdo.

Éste es el aspecto de Galileo mientras estaba siendo juzgado por el Santo Oficio.

MACULANO: Si os leyéramos lo que entonces se os dijo y se os conminó como mandato expreso, ¿lo recordaríais?

GALILEO: *No recuerdo que me dijera otra cosa ni que se me conminara nada. Tampoco sé si recordaría lo que se me dijo si me lo leyerais. Digo libremente lo que recuerdo porque no creo haber desobedecido en modo alguno el mandato, es decir, que no he sostenido ni defendido en absoluto la opinión de que la Tierra se mueve y el Sol está inmóvil.*

(El inquisidor lee el mandato "de que él no debe sostener, defender ni enseñar esta opinión, en modo alguno, ni oralmente ni por escrito".)

GALILEO: *No recuerdo que el mandato me fuera comunicado por ninguna otra persona que el propio cardenal. Recuerdo que en él se decía "no sostener ni defender"; puede que dijera también "ni enseñar", pero no lo recuerdo. Tampoco sé si se decía "en modo alguno, ni oralmente ni por escrito". Puede ser. En todo caso, yo no pensé más en ello ni me esforcé por aprendérmelo de memoria, ya que pocos meses después recibí el certificado, que he entregado, del señor cardenal Bellarmino, fechado el 26 de mayo, en el que se encuentra expresamente la orden que me fue dada de no sostener ni defender estas opiniones. Las otras dos especificaciones de esa orden que acaban de dárseme a conocer, me refiero a "no enseñar" y "en modo alguno", no las retuve en mi memoria, probablemente por no mencionarla el certificado en el que yo confiaba.*

(Se pregunta a Galileo si, cuando solicitó el *Imprimátur* para el *Diálogo,* dijo algo sobre el mandato del Santo Oficio.)

GALILEO: *Al solicitar el* imprimátur *para el libro no dije nada sobre este mandato porque no lo creí necesario, puesto que no sentía ninguna clase de escrúpulos. Porque en el libro no sostengo ni defiendo la opinión de que la Tierra se mueva y el Sol esté inmóvil, sino que más bien he demostrado una idea muy opuesta a las copernicanas y he demostrado que los argumentos de Copérnico son débiles y no concluyentes.*

154

La carta de su hija sor María Celeste

Galileo se vio sometido a tal grado de tensión, ya que le aterrorizaba el dolor de la tortura y mucho más pensar en la muerte, que cayó enfermo. Era un genio de las ciencias, un superhombre del pensamiento y, también, un ser humano lleno de limitaciones físicas. Sabía que había debido mentir, o mejor diremos "adaptar" la verdad en la que creía a las conveniencias del inquisidor.

Mientras permanecía en el lecho, le llegó una emotiva carta de su hija sor María Celeste:

"Acabo de saber por el señor Geni que os han llevado a una prisión del Santo Oficio... Confío en que todo termine felizmente con la ayuda de Dios Todopoderoso, a quien rezo continuamente, encomendándoos a su cuidado con el mayor amor y confianza. Tal vez, mientras os escribo, la crisis haya pasado y ya estéis libre de toda ansiedad. Ojalá sea ésa la voluntad de Dios, en cuyo amor os dejo."

La monjita seguía su misiva contando los asuntos del convento, para dar idea de que todo continuaba igual. Aquel ángel amaba a su padre con una gran nobleza de corazón y siempre había querido comprenderle. De su boca jamás salió un reproche.

La opinión de los expertos

El inquisidor Maculano no se sentía muy satisfecho de los resultados del primer interrogatorio, porque de lo confesado por Galileo resultaba materialmente imposible extraer una muestra de herejía. Lo conveniente debía ser esperar el informe de los expertos que estaban leyendo el último libro del acusado.

Por otra parte, se estaba enfrentando a una gran responsabilidad. Sus superiores le habían exigido que consiguiera del acusado un reconocimiento de herejía, debido a que el Vaticano se sentía implicado al haber autorizado la publicación del libro. El sello de los censores aparecía en todos los ejemplares. Debía procederse con la mayor severidad.

El 17 de abril, aquellos tres religiosos "justos", a los que deberíamos considerar injustos por su parcialidad manifiesta, acordaron que en la obra juzgada se enseñaban las teorías de Copérnico, además de apreciarse claramente el deseo de que se extendieran por el mundo y, lo más grave, en su texto aparecían expresiones como "estúpidos" y "enanos mentales" al referirse a quienes no las creyeran.

Cuando a Galileo se le leyó el dictamen de los expertos, continuó alegando que las ideas de Copérnico las había mostrado como una hipótesis. Debemos tener en cuenta que hablaba sometido a juramento, lo que agravaba sus mentiras, según la valoración de los inquisidores; sin embargo, éstos prefirieron esperar.

El 25 de julio de 1634 escribió a su amigo Elia Diodati:

... De todos los incidentes a que estoy siendo sometido se desprende que la cólera de mis muy poderosos perseguidores va incrementándose progresivamente. Por último han pretendido expresarse por sí mismos, debido a que, encontrándose un íntimo mío hace unos dos meses en Roma, charlando con el padre Christoforo Grembergo, jesuita, matemático de ese colegio, dijo éste a mi íntimo estas palabras: "Si Galileo hubiera sabido mantener el afecto de la orden, ahora viviría gloriosamente en el mundo y no estaría sometido a esa cadena de desgracias, y hubiese podido escribir a su capricho de cualquier tema, incluido de los movimientos de la Tierra, etc."; así que V. S. comprobará que no es tal o cual opinión lo que me somete a una guerra, sino haber caído en desgracia ante los jesuitas.

El diabólico Maculano

El inquisidor Maculano consideraba una cuestión de "orgullo profesional" arrancar una confesión de los labios de Galileo. Se entrevistó con él en dos ocasiones, pero solos y sin la monja escribana. Durante horas le estuvo envolviendo con sus preguntas, planteándolas "del derecho y del revés", para agotarle.

Galileo mantuvo su dignidad a lo largo del primer juicio. Pero se enfrentaba a un inquisidor que conocía todos los tipos de tortura.

Y cuando se dio cuenta de que se estaba enfrentando a un orador de primera magnitud, incapaz de cometer una incorrección con sus palabras y que mantenía sus posturas, recurrió al miedo. Describió los potros de tortura, el hambre, las celdas frías y sin ventilación y los otros recursos "legales" que utilizaba el Santo Oficio para encontrar la verdad.

Entonces, Galileo se doblegó. Dejó de ser él, para que surgiera el hombre asustado, cobarde ante el dolor. Y reconoció que había enseñado la teoría de Copérnico, a pesar de que el cardenal Bellarmino le había conminado para que no lo hiciera.

El 28 de abril, Maculano escribió a los jueces y al cardenal Francesco Barberini que, al fin, había podido culminar su misión con los resultados siempre deseados.

Una confesión demasiado tibia

En la confesión que Galileo escribió reconocía parcialmente sus errores, pero mencionando de pasada la teoría copernicana. No hay duda de que resultaba demasiado tibia, como se puede fácilmente apreciar:

Tras varias jornadas de permanente y meditada reflexión sobre los interrogatorios a los que he sido sometido, especialmente el del 12 de este mes, y teniendo en cuenta especialmente la cuestión de si hace dieciséis años el Santo Oficio me informó de la prohibición absoluta de mantener, defender o enseñar "en modo alguno" la idea que acababa de ser condenada —del movimiento de la Tierra y la inmovilidad del Sol—, pensé en la conveniencia de releer, con un celo escrupuloso mi Diálogo, ya que desde hace tres años no había vuelto a hojearlo, con el fin de verificar minuciosamente si en contra de mi sincero propósito, por descuido u olvido, mi pluma había escrito alguna cuestión que indujera a los lectores a pensar que yo estaba desobedeciendo las directrices de la santa Iglesia. Y dado que, por la amable condescendencia de las autoridades eclesiásticas, se me ha permitido disfrutar de la compañía de un servidor, le mandé que obtuviera un ejemplar de mi libro. Una vez lo tuve en mis manos, me entregué con toda rapidez a rele-

erlo con el máximo cuidado. Hacía tanto tiempo que no lo había visto, que pude entrar en el mismo como si perteneciera a otro autor, y con toda libertad he de reconocer que en ciertos pasajes me pareció redactado de tal manera, que un lector que desconociera mi auténtico propósito podría razonablemente dar por hecho que los planteamientos expuestos en favor de las teorías falsas que yo pretendí noblemente refutar se mostraban como si se intentara convencer sobre las mismas. En especial, he de seleccionar dos temas —me refiero a las manchas solares y al flujo y reflujo de las mareas— que se ofrecen al lector con mayor intensidad de la que debiese haberles conferido quien los valorase no demostrativos y fáciles a la refutación. Y como disculpa ante mí mismo por cometer tal error, tan distante a las intenciones iniciales, excusa que he de reconocer que no me complace, debí tener en cuenta la lógica satisfacción que cualquier hombre busca en sus personales sutilezas y en exhibirse con mayor debilidad que los demás en el descubrimiento de argumentos ingeniosos y creíbles, incluso favorables a unas falsas ideas. A pesar de todo lo anterior, y teniendo en cuenta lo que dice Cicerón, avidior sim gloriae quam est, *si de nuevo debiera en este momento escribir parecidos argumentos, no hay duda de que los reduciría de tal forma que dejaran de mostrar una fuerza de la que realmente se hallan claramente exentos. Mi falta, pues, y así lo reconozco, es un exceso de orgullo y de ambición, de neta ignorancia y falta de visión.*

Esto es lo que se me ocurre comentar respecto a este tema y que me ha sido inducido por la relectura de mi libro.

El Papa no se conformaba con una pírrica victoria

El mundo entero se hallaba pendiente de Roma. En todas las cancillerías, universidades, iglesias, palacios, grandes mansiones, gremios comerciales y sociedades culturales se tenía conciencia de que se estaba juzgando a uno de los sabios más importantes de aquel tiempo. Lo que no se había atrevido a realizar la Iglesia contra Calvino y Lutero, lo estaba realizando el Papa Urbano VIII con un inocente.

Toda una locura, acaso el mayor error religioso que han conocido los siglos. Liderado por un hombre vesánico, tan fanático de la astrología que llegaba a cambiar la decoración de sus habitaciones personales para que se adecuaran a los pronósticos tomados de las estrellas. ¿No era esto más grave que estar anulando la voluntad de un ser humano por haber defendido la teoría de que "la Tierra y los planetas giran alrededor del Sol"?

En un mundo de hipócritas ya sabemos que se mantiene el lema de "lo que no ve el pueblo no existe". Y dentro de este juego tan vomitivo, el Papa se empeñó en arrancar a Galileo una confesión más rotunda. Si era preciso se recurriría a la tortura, para que el mundo se enterara que el Vaticano había juzgado a un "hereje confeso".

El escenario de una farsa monumental

Bajo las nuevas amenazas en privado de tortura, Galileo admitió sus "faltas". Pero en los interrogatorios del 21 de junio se retractó, ya que afirmó que nunca había dejado de defender las teorías de Tolomeo: la inmovilidad de la Tierra.

El 22 de junio, el Vaticano montó una farsa monumental. Eligió como escenario el gran salón de la Inquisición, que estaba situado en el segundo piso del convento dominico, cerca de Santa Maria Supra Minerva. Allí se encontraban todos los cardenales del Santo Oficio. Pero faltaba el Papa, por expreso deseo. Así cumplió el papel aparente de Pilatos.

A Galileo se le arrodilló a la hora de escuchar las imposiciones de la Iglesia: abjurar de las teorías de Copérnico, con lo que sólo se le condenaría a tres años de reclusión y a rezar una vez a la semana los siete salmos penitenciales. Acto seguido le entregaron la abjuración:

Yo, Galileo Galilei, hijo del difunto Vincenzo Galilei, florentino, de edad de setenta años, comparezco ante este Santo Tribunal y de rodillas ante Vuestras Eminencias... juro que siempre he creído, creo y con la ayuda de Dios creeré en el futuro todo lo que sostiene, predica y enseña la santa Iglesia Católica Apostólica y Romana. Mas dado que... tras una prohibición absoluta que me fue impuesta judicialmente por este Santo Oficio, para que abandonara por completo la falsa opinión de que el Sol es el centro del mundo y permanece inmóvil, mientras que la Tierra no se halla en el centro y se mueve, y para que no sostuviera, defendiera ni enseñara de ningún modo ni de palabra ni por escrito dicha doctrina, y tras serme notificado que esa doctrina era contraria a las Sagradas Escrituras, yo escribí e hice imprimir un libro en el que discuto esa doctrina ya condenada, y aduzco en su favor argumentos de mucha fuerza, sin ofrecer a la vez su refutación, y por esta causa el Santo Oficio me ha declarado vehemente sospechoso de herejía, es decir, de haber sostenido y creído que el Sol ésta en el centro del universo e inmóvil y que la Tierra no está en el centro y se mueve.

Galileo fue humillado por la Inquisición hasta casi la destrucción anímica.

Por eso, como deseo borrar de las mentes de Vuestras Eminencias y de todos los cristianos creyentes esta grave sospecha, que razonablemente habéis concebido contra mí, con sincero corazón y no fingida fe, abjuro de los errores y herejías dichos, y los maldigo y detesto, como en general a todos los demás errores y a todas las demás sectas que de algún modo sean contrarios a lo que dice la santa Iglesia, y juro que en el futuro nunca volveré a decir ni afirmar, ni de palabra ni por escrito, nada que pueda dar origen a similares sospechas; antes al contrario, si supiera de algún hereje o de alguna persona sospechosa de herejía, lo denunciaré a este Santo Oficio o al inquisidor y ordinario del lugar en que me encuentre. Además juro y prometo cumplir y observar en su integridad cuantas penitencias se me han impuesto y cualesquiera otras que se me impongan por este Santo Oficio... Así Dios me ayude y estos santos evangelios que con mi mano toco.

Yo, Galileo Galilei, he abjurado, jurado y prometido, obligándome a lo que arriba digo y, en prueba de la verdad de ello, con mi propia mano suscribo el presente documento de mi abjuración, que he recitado palabra por palabra en Roma, en el convento de Santa María Supra Minerva, en este día de 22 de junio de 1633.

Como se puede entender, Galileo firmó este infame documento. Lo hizo para salvar su vida. Y nunca se lo perdonaría él mismo. La leyenda nos asegura que al finalizar este acto de sumisión, dio un pisotón en el suelo y susurró:

—¡Y, sin embargo, se mueve!

Los que amamos a este genio queremos creer que pronunció esta afirmación sobre el "movimiento de la Tierra alrededor del Sol". El primer escritor que mencionó esa frase fue el abate Irailh en su obra "Querelles Littéraires", que se publicó en 1761.

La versión de un contemporáneo

Contamos con la versión del juicio en la pluma de Niccolini. El 26 de junio envió esta carta al ministro Cioli:

"El señor Galileo fue llamado el lunes por la tarde al Santo Oficio, donde se presentó el martes por la mañana, respetando la orden, para comprobar lo que se deseaba de él, y habiendo sido retenido, se le condujo el miércoles a Minerva ante los señores cardenales y prelados de la Congregación, donde no solamente le fue leída la sentencia, sino que además se le hizo abjurar de su opinión. La sentencia contiene la prohibición de su libro, junto a su propia condena a las cárceles del Santo Oficio a disposición de Su Santidad, por pretenderse que ha violado el mandato que se le efectuó hace dieciséis años sobre esta cuestión. La condena le ha sido conmutada por S. B. a un destierro o confinamiento en el jardín de la Trinidad del Monte, adonde le llevé el viernes por la tarde. Allí se encuentra ahora a la espera de los efectos de la clemencia de Su Santidad. Y puesto que él hubiera querido venir a aquí por varios intereses suyos, yo me he puesto a negociar, que no queriendo el señor cardenal Barberini y Su Santidad favorecerle con una libre absolución, se contenten al menos con cambiar el confinamiento a Siena, en casa de monseñor el arzobispo, amigo suyo, o a algún convento de la ciudad... Espero su respuesta... Me ha parecido que el señor Galileo se ha entristecido bastante con la pena impuesta, que le ha llegado bastante de improviso, porque en cuanto el libro mostraba no preocuparse de que lo prohibieran como cosa ya prevista por él."

Los meses siguientes de un "vencido"

El Papa y el Santo Oficio, junto a todos los conservadores que combatían la ciencia de la razón, acababan de obtener lo que buscaban. Estaban convencidos de su victoria. Podían mostrarse generosos con el "vencido". De momento, le permitieron quedar bajo el control de Niccolini, el embajador toscano. Pasaría doce días en Villa Médicis.

No habló con nadie, permaneció horas y horas en silencio. Casi se podía escuchar el sonido de su cerebro. Se sentía culpable por no haber podido actuar como Gioardano Bruno y tantos otros mártires de la ciencia.

Finalmente, se le permitió salir de Roma. Llegó a Siena, donde quedó bajo el control del arzobispo Ascanio Piccolomini, que era un amigo de verdad. Allí recibió una carta de su feliz hija sor María Celeste, en la que le contaba la alegría de las monjas de su convento. Y le deseaba todo lo mejor.

A los cinco meses de su abjuración, debía haber recuperado toda la confianza en su propia obra. Porque comenzó un tratado sobre mecánica. Iba a ser uno de sus mejores libros. Lo necesitaba su autoestima.

CAPÍTULO XIII

LOS GENIOS NUNCA MUEREN

La importancia de una carta anónima

Los historiadores han encontrado una carta anónima en los archivos vaticanos, cuyo texto causó una gran inquietud en el Papa Urbano VIII. Era muy breve y realista:

"Galileo ha conseguido sembrar en esta ciudad opiniones poco católicas, incitado por ese arzobispo huésped suyo, el cual ha sugerido a muchos que él ha sido injustamente agraviado por esa Sagrada Congregación, y que no podía ni debía reprobar las opiniones filosóficas, por él sostenidas con razones matemáticas invencibles y verdaderas, y que es el primer hombre del mundo, y que vivirá siempre en sus escritos, aunque estén prohibidos, y que le siguen todos los modernos y mejores."

El autor desconocido de este texto no era un adivino, pero acertó en sus opiniones finales. Lo cruel de la historia es que los poderosos se sienten tan hinchados de vanidad, que desde sus pináculos o altares se consideran los amos del mundo, hasta de las mentes de sus súbditos. (Sobre esta cuestión, resulta muy representativa la obra teatral de Bertolt Brecht "Vida de Galileo".) Esto les incapacita para comprender que pueden tener delante a un ser humano muy superior a ellos. Por fortuna, el paso del tiempo, casi siempre tan justo, termina por colocar a cada uno en el lugar que le corresponde.

La muerte de sor María Celeste

Hacia el mes de octubre se autorizó que Galileo viviese en su propia casa, de la que nunca podría salir sin la autorización del Santo Oficio, debido a que se hallaba en situación de "permanente arresto domiciliario". Uno de sus grandes alivios era tener cerca, más que nunca, a su hija sor María Celeste.

Pero este ángel murió el 3 de abril de 1634, víctima de un corazón excesivamente debilitado por el sufrimiento, nunca manifestado en voz alta, de saber que su noble padre había sido considerado "culpable de herejía" por la Inquisición. El comentario de Galileo fue éste:

La hernia empeora y las palpitaciones me atormentan. Una inmensa tristeza y melancolía, pérdida completa de apetito y disgusto con mi existencia me hacen sentir la llamada de mi hija más querida.

A pesar de que se quedó ciego...

Galileo siguió escribiendo su libro sobre la mecánica durante los años siguientes. A principios de 1638, empezó a perder la vista. Unos meses después ya se había quedado ciego. Su fiel amigo Castelli escribió este lamento:

"El ojo más noble que la naturaleza creó nunca, un ojo que ha contemplado más cosas que todos los que existieron antes que él, un ojo que ha abierto los de todos los hombres del futuro, ese ojo se ha apagado totalmente."

En vista de esta situación, se rogó al Santo Oficio que aliviara el castigo, ya que ni siquiera se le permitía salir a oír misa en la iglesia que se encontraba a pocos pasos de la casa donde vivía. El inquisidor Muzzarelli Fanano visitó al "preso", con el propósito de comprobar su estado. Su opinión fue que había encontrado "más un cadáver que un hombre con vida".

El informe permitió que Galileo fuese llevado a Florencia, pero con la prohibición de que hablara con sus ami-

gos, publicase libros y comentase los asuntos por los que había
sido condenado. Todas estas limitaciones contaban con la aprobación del Papa.

Aspecto de Galileo en sus últimos años.

Se sabe que por aquellas fechas el Gobierno de Holanda regaló una cadena de oro a Galileo, pero se le prohibió que la aceptara porque un "condenado no podía beneficiarse con ningún tipo de obsequio". A lo único que se le autorizó fue a que pudiera asistir a misa en una iglesia cercana.

La resignación del sabio

El 2 de enero de 1638, el sabio de Pisa escribió a su amigo Elia Diodati:

> *En respuesta a la última y gratísima carta que V. S. respecto del primer punto que me pregunta, relativo al estado de salud, le diré que en cuanto al cuerpo he vuelto a una constitución de fuerzas bastante mediocres, pero ¡ay de mí! Señor mío, Galileo, vuestro querido servidor y amigo se ha convertido irreparablemente en ciego de un mes a esta parte. Piense V. S. en qué aflicción me encuentro, mientras voy considerando que aquel cielo, aquel mundo y aquel universo que con mis maravillosas observaciones y claras demostraciones había ampliado cien y mil veces más de lo comúnmente visto por los sabios de todos los siglos pasados, ahora se ha restringido y disminuido para mí a algo no mayor que mi persona. La novedad del accidente aún no me dado tiempo de hacerme a la paciencia y a la tolerancia del infortunio al que debería avezarme el paso del tiempo.*

"Diálogos referentes a dos nuevas ciencias"

En la primavera de 1938, Galileo dio por concluido su libro "Diálogos referentes a dos nuevas ciencias". Gracias a la ayuda de Castelli y de otros colaboradores, que copiaron lo que les iba dictando, pudo sentirse muy satisfecho de su obra. Pero se enfrentó al problema de la edición.

Tuvo que recurrir a la imprenta holandesa de Luis Elzevir, que estaba en la ciudad protestante de Leyden. Allí se puso a la venta a finales de julio. En su última obra Galileo utilizó a los tres personajes de la condenada: Sagredo, Salviati y Simplicio. Afortunadamente, el Santo Oficio no encontró ningún motivo de herejía en estas páginas, por mucho que las examinó.

El poeta inglés John Milton en su visita a Galileo.

La obra sólo trataba de la dinámica y la estática, pero de una forma tan extraordinaria que Arthur Koestler escribiría:

"La cruzada contra Galileo terminaría en fracaso; sin embargo, de las cenizas iba a nacer la física moderna."

En efecto, no hemos querido demostrar la importancia del genio de Pisa en el terreno de la mecánica, del cálculo y en otros campos de la investigación matemática, porque nos sentimos incapacitados para exponer de una forma "vulgar" sus grandes teorías. Sin embargo, en este terreno fue muchísimo más importante que en todos los demás. ¡Palabra que no exageramos!

Se anticipó a Newton en el estudio de la "causa y el efecto" o "la acción y la reacción". Dedujo que las velocidades adquiridas de un cuerpo que cae se hallan en proporción directa a las velocidades adquiridas, y los espacios recorridos en razón doble al tiempo, que se ha de contar desde el inicio del movimiento.

Enseñó a todos los científicos que sólo se puede llegar a la verdad por medio de la observación, la hipótesis, el experimento y la formulación de los resultados. Dio forma a la ley de la inercia y demostró que un cuerpo en movimiento puede seguir avanzando si se le aplica un nuevo impulso.

Consideramos imposible pretender exponer en unas pocas líneas lo que necesitaría toda una enciclopedia, para así hacer justicia a un genio tan grande, otro de los "hombres universales" propios del Renacimiento italiano y de las consecuencias del mismo. Por eso lo dejaremos aquí, sin evitar la tentación de invitarle a usted a que se informe al respecto. La experiencia estamos seguros de que le reconfortará.

La visita de John Milton

El gran poeta inglés John Milton visitó a Galileo por aquella época. La impresión que obtuvo la dejó reflejada en su libro "Aeropagitica":

"Allí he encontrado, y hablado, con el famoso Galileo, encarcelado por la Inquisición por haber pensado en astronomía de una manera distinta a como lo hacían los censores franciscanos y dominicos."

El genio de Pisa sabía que en su condena también había intervenido un gran sector de los jesuitas. De lo que estaba menos seguro era de las causas de su ceguera. Se la reprochaba a lo mucho que había leído y mirado por los telescopios. En realidad sufrió un glaucoma: primero le afectó al ojo derecho y, después, al izquierdo. El proceso duró unos cuatro años, sin que los más prestigiosos médicos pudieran detener la fatal dolencia.

Alessandra Bocchineri o un amor platónico

Alessandra Bocchineri era cuñada de Vincenzo, el hijo de Galileo. Después de enviudar de Lorenzo Nati di Bibbiena, se casó con Francesco Rossi, al que siguió hasta el ducado de Padua. Sin embargo, al poco tiempo volvió a perder a su nuevo marido por culpa de una grave enfermedad.

Dado que era una mujer inteligente, atractiva y resuelta, terminó siendo una de las servidoras más importantes de Eleonora, la esposa del emperador Ferdinando. Esto le permitió vivir en Viena hasta 1630. Allí contrajo su tercer matrimonio, en este caso con el joven diplomático florentino Gianfrancesco Buonamici. Y al cabo de unos meses se encontraba en su tierra.

Así se produjo el encuentro entre Galileo y Alessandra. Por las cartas que los dos se cruzaron, se puede deducir que establecieron una simpatía muy honda, que pudo rozar una especie de amor platónico. ¿Qué conclusión se obtiene de esta misiva del 27 de marzo de 1641, junto a las otras posteriores, que ofrecemos a continuación?:

"Yo a veces me quedo meditando conmigo misma de qué manera encontraría el medio para, antes de morir, ver a V. S. y estar un día conversando con vos, sin dar escándalos y celos a esas personas que se sorprenderían de esta voluntad. Si pensara que V. S. se halla en buena salud, le quisiera mandar mis caballos y encontrar una pequeña carroza a fin de que me favoreciera viniendo a permanecer unos días entre nosotros, ahora que hace buen tiempo. Pero suplico que quiera concederme la gracia de su respuesta, porque en seguida mandaré a V. S., y podrá venir despacito, y no creo que sufriera con el viaje... No quiero alargarme al escribir más que para expresar la esperanza que tengo de que V. S. me querrá responder y escribir cuándo debo mandar la carroza; diremos entonces lo que comenta Arno cuando se vuelve grueso: que lleva encima mucha ropa..."

La respuesta de Galileo no pudo ser más triste y, a la vez, reveladora:

No podré expresaros lo bastante bien el placer que tendría de poder, con tranquilidad no interrumpida, gozar con vuestras palabras, tan superiores a las comunes femeninas, tanto que poco más sensatas y agudas podrían esperarse de los hombres más expertos y prácticos en las cosas del mundo. Me duele que vuestra invitación no pueda ser aceptada, no sólo por las muchas indisposiciones que me tienen preso en esta muy avanzada edad mía, sino porque todavía me hallo retenido prisionero por aquellas causas que son bien conocidas del muy ilustre señor Cavaliere, marido vuestro y señor mío.

Ahora sabemos que no se volvieron a encontrar cerca. El 20 de diciembre de 1641, el genio de Pisa envió este lamento a su gran amiga:

He recibido la muy grata carta de V. S. muy Iltre. en un momento en que me ha servido de gran consuelo, habiéndome hallado en el lecho gravemente indispuesto de muchas semanas acá. Doy cordialísimas gracias a V. S. por el afecto tan cortés que muestra hacia mi persona y por la condolencia con que me

172

visita en mis miserias y desgracias... Le ruego que perdone esta nada voluntaria brevedad mía en gracia a la gravedad del mal, y con cordialísimo afecto beso sus manos...

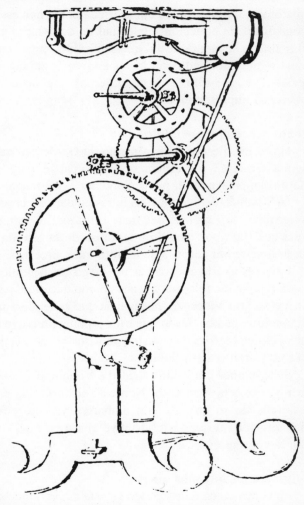

Diseño del reloj de péndulo ideado por Galileo y dibujado por Viviani.

Hemos de tener en cuenta que las cartas que Galileo recibía le eran leídas, a la vez que él dictaba las suyas. Los sentimientos entre ambos se mostraban "amortiguados" por la presencia de otros. Creemos que se dio en esta pareja el perfecto amor platónico, o ese otro que tan acertadamente han estudiado los sicoanalistas: la atracción intelectual de dos seres humanos que, más allá de la carga sensual que se produce entre un hombre y una mujer, han dado con la manera de comunicarse con tanta pasión, aunque sólo sea a nivel verbal, que sus contactos los consideran imprescindibles.

El invento del reloj de péndulo

Hasta los últimos días la mente de Galileo se mantuvo muy activa. Gracias a los amigos que le rodeaban, para los que suponía un honor ayudarle, pudo mantener la correspondencia casi al día. También dedicó muchas horas en dar con la solución para determinar la longitud del mar. En aquellos tiempos se calculaba la latitud por medio de la altura de la estrella polar, pero no la longitud al necesitarse un reloj muy preciso.

Para resolverlo recurrió a un juego de péndulos, que aplicó a la regulación relojera. El mecanismo que creó, para que lo realizase su hijo Vincenzo, necesitaba que se le diera un golpecito cuando se paraba. Dado que esto suponía un grave inconveniente, Galileo ideó un mecanismo para que la energía de cierto peso se transmitiera al péndulo.

Se lo explicó con tanta claridad a Viviani, que éste pudo realizar un boceto muy preciso. Nunca se llevaría a la práctica por la muerte de su creador. Sin embargo, serviría para que Christian Huygen, al que se le atribuye el invento del reloj de péndulo, lo consiguiera.

Murió junto a los que más quería

En la misma casa de Galileo ya estaban viviendo su hijo Vincenzo, al que acompañaba su bella esposa. También estaba allí Evangelista Torricelli, al que esperaban grandes logros científicos, y Vincenzo Viviani, el primer biógrafo del genio de Pisa. Nunca faltaba la presencia de Benedetto Castelli, porque éste vivía en un casa próxima. También se recibía a grandes personajes.

El 5 de enero de 1642, aquel gigante de la investigación racional, iniciado de la ciencia moderna, recibió el último sacramento de la Iglesia. Fallecería el 8, a las cuatro de la madrugada, con todos los suyos alrededor de la cama. Había cumplido los setenta y siete años y once meses.

Este momento fue descrito por Viviani en su "Racconto istorico" (es la primera biografía de Galileo):

"... Con filosófica y cristiana constancia entregó su alma al Creador, enviándose ésta, por lo que es dable creer, a gozar y a volver a mirar más de cerca esas eternas e inmutables maravillas que por medio de un frágil artificio con tanta avidez e impaciencia había procurado acercar a nuestros ojos...

"... Su cuerpo fue trasladado de la villa de Arcetri a Florencia, y por encargo de nuestro Serenísimo Gran Duque hecho guardar en el templo de Santa Croce, donde se halla la antigua sepultura de la noble familia de los Galilei, con el propósito de levantarle augusta y suntuosa sepultura en el lugar más visible de la iglesia, y así, no menos que durante la vida, honrar generosamente después de la muerte a la fama inmortal del segundo Américo florentino, descubridor no ya de una poca tierra, sino de innumerables globos y de nuevas luces celestes, mostradas bajo los felicísimos auspicios de la Sereníma Casa de los Médicis..."

Una singular coincidencia

Precisamente, en ese mismo año que murió Galileo nació Isaac Newton, al que muchos historiadores consideran el "vengador" de Galileo. Porque sus descubrimientos probaron, sin ningún género de dudas, que las teorías de Copérnico y del genio de Pisa eran tan sólidas como que es día cuando sale el sol y de noche en el momento que se ha puesto totalmente. Y la Iglesia se quedó muda, aunque no creemos que se ruborizara, excepto algunos de sus miembros.

A manera de epílogo

Con la muerte de Galileo se materializó uno de los crímenes más terribles de la Historia. Y no nos referimos al hecho físico de que muriese un hombre, sino al enterramiento bajo la más colosal losa de piedra, más gigantesca que todos los edificios del mundo, de un descubrimiento indiscutible: ¡¡¡La Tierra gira alrededor del Sol!!!

¿Podemos responsabilizar a un solo Papa? ¿Cómo se comportaron los demás que le siguieron hasta el año 1992?

Millones de libros se han escrito sobre las barbaridades de la Iglesia. Y el mismo número sobre la conveniencia de que no haya desaparecido a pesar de todo. Cada uno de nosotros sabe lo mucho que le cuesta al Vaticano aceptar el avance de la ciencia, porque lo estamos comprobando en la actualidad. Lo triste es que, en ciertas ocasiones, abraza nuevas corrientes de pensamientos con una facilidad asombrosa. No obstante, se halla muy lejos de nuestro propósito plantear otro dilema que no sea el relacionado con Galileo y la ciencia más moderna. A usted le corresponde continuarlo o dejarlo a partir de este momento.

CAPÍTULO XIV

EL RECONOCIMIENTO DEL ERROR POR EL MISMO VATICANO

Los lentos movimientos del Vaticano

Con el Enciclopedismo de los siglos XVIII y XIX el mundo entero comenzó a desperezarse de un sueño milenario. Debido a que la cultura había permanecido secuestrada por unos pocos. Porque las gentes que sabían leer no llegaban a ser la quinta parte de la población universal y, dentro de este grupo de privilegiados, más de la mitad utilizaban sus conocimientos para su trabajo o mantener una correspondencia comercial.

Con el auge del periodismo en la mitad del siglo pasado, gracias a la hábil utilización del telégrafo, la curiosidad de las gentes se avivó por lo mucho que se podía contar: inventos, exploraciones, sucesos inverosímiles, tragedias, guerras, bodas reales, etc. Además, surgieron los grandes literatos viajeros o con una gran imaginación, capaces de trasladar a sus lectores a los cinco continentes desde un faro francés o en el interior de una biblioteca italiana.

Para entonces la inquietud cultural ya era cosa de muchos. Y éstos cayeron en la cuenta de los grandes errores cometidos en el pasado. Por eso comenzaron a preguntarse cómo era posible que el Vaticano tardase en conceder la santidad a uno de sus grandes hombres uno o dos siglos, en base a que necesitaba comenzar el proceso de investigación cuando todos los coetáneos del "elegido para santo" hubiesen muerto, y no hiciera lo mismo con el juicio de Galileo.

Sin embargo, el Vaticano en este caso se enfrentaba a una responsabilidad mucho mayor: la infabilidad del Papa. La astronomía moderna había dado la razón a Galileo sin ningún género de dudas. Miles de libros lo respaldaban y telescopios de un millón de aumentos habían reducido el concepto de la "Tierra movible" a que ésta era "casi inferior a una mota de polvo dentro de las infinitas dimensiones del universo, en el que existían cientos de miles de soles, alrededor de los cuales giraban otros planetas o cuerpos celestes"... ¡Pero en la Santa Sede se lo pensaban!

Todos necesitaban librarse de esa culpa

Sólo los clérigos más retrógrados se empeñaban en mantenerse ciegos ante el principio de autoridad de "si mis antepasados se comportaron de esa manera, su razón tendrían". Pero el resto necesitaba librarse de la carga. Desde sus orígenes la Iglesia se ha encontrado en los principales cenáculos intelectuales. Hemos podido observar que mientras el Papa Urbano VIII permitió el juicio contra Galileo, altas personalidades eclesiásticas no dejaron de prestar apoyo al condenado, porque creían en sus escritos.

Debió aparecer el extraordinario Papa Juan XXIII, aquel cardenal Angelo Giuseppe Roncalli que sólo iba a ser un "efímero ocupante del trono vaticano", para que la Iglesia revisara todos sus firmes cimientos y sus ciénagas ocultas.

El Concilio Vaticano II

El Concilio Vaticano II se celebró desde el otoño de 1962 a finales de 1965. Tres años fructíferos que encendieron la ilusión de hasta los no creyentes. Entre los muchos documentos que surgieron de este importante encuentro de los obispos el que nos importa se tituló "La Iglesia en el mundo de hoy".

La esencia de este texto hemos de verla en la necesidad que sintieron las autoridades eclesiásticas de que se aceptara, de una forma diáfana, que no se hallaban en contra de los avances

científicos. Y para demostrarlo se atrevieron a recu̶̶̶
"autonomía de la ciencia", es decir, que en los laboratorios, ̶
estudios, las cátedras y todos los demás lugares donde el pensamiento individual o colectivo se podía actuar sin tener presente
eso de "qué opinarán los de la sotana".

Tumba de Galileo en la florentina iglesia de Santa Croce.

Algunos de los defensores de un cambio tan importante habían mencionado el nombre de Galileo en sus discursos y en sus propuestas escritas. Y los avispados cronistas vaticanos lo sacaron a la luz. Esto dio pie a una gran controversia que asustó a los obispos más conservadores.

El 4 de noviembre de 1964, el obispo Elchinger, coadjutor de Estrasburgo, puso el dedo en la llaga al referirse a las grandes dificultades que encontraba la Iglesia en el momento de enfrentarse a los avances científicos. Sus razonamientos vamos a centrarlos en estas breves palabras:

"Hace cuatro siglos vino al mundo un hombre encomiable, al que los científicos de todo el mundo recuerdan con un gran respeto; sin embargo, hoy día, nosotros no hemos asumido la reparación que le debemos por aquella injusta y horrible condena. En el mundo que nos ha tocado vivir, las acciones son consideradas más importantes que las palabras. La rehabilitación de Galileo por parte de la Iglesia, de forma humilde y adecuada, la considero una acción elocuente e imprescindible con el mensaje que pretendemos transmitir..."

Elchinger no obtuvo una satisfacción inmediata, debido a que si "las cosas de palacio van despacio", las del Vaticano requieren una "lentitud más propia de quien no sabe caminar". Sin embargo, comenzaron a aparecer escritos en documentos financiados por la Santa Sede, en los que se criticaba su pasado, al referirse a los "comportamientos deplorables" por no haber querido respetar la independencia de los científicos.

Lo más esperanzador del Concilio Vaticano II, dentro de sus grandes logros, a pesar de que no lo fueran tanto por la muerte de su promotor Juan XXIII, es que se impuso uno de los conceptos interpretativos de Galileo, es decir, que "las Sagradas Escrituras fueron redactadas para gentes de escasos conocimientos, por lo que deben ser revisadas de acuerdo con los avances científicos de cada momento". Una verdad que se encontraba en las cartas que el genio de Pisa envió a Castelli y a la gran duquesa. Y que provocaron las críticas inmediatas de los teólogos de la época.

Paso a paso, aunque el avance sea premioso

Catorce años más tarde, el Papa Juan Pablo II, el atleta polaco salido de una de las Iglesias más conservadoras del mundo al estar sobreviviendo dentro de un país comunista, se atrevió a avanzar otro paso en la rehabilitación de Galileo. Aprovechó el centenario del nacimiento de Einstein.

El 10 de noviembre de 1979, el Sumo Pontífice habló en el Colegio de Cardenales de la Academia Pontificia de las Ciencias de París. En uno de los momentos de su largo discurso, se refirió a Galileo como la víctima de algunos de los hombres de la Iglesia. Y concluyó su referencia con las siguientes palabras:

"... Como deseo realizar un acto que vaya más allá de la posición en la que nos colocó el Concilio, desearía que los teólogos, los científicos y los historiadores, animados por un espíritu de noble voluntad de colaboración, analizarán en profundidad el caso de Galileo y, admitiendo imparcialmente los errores, más allá de quien los cometiera, borraran de infinidad de cerebros la barrera que este tema continúa manteniendo con el fin de obtener una concordia provechosa entre la ciencia y la fe, la Iglesia y el mundo. Brindaré todo mi apoyo a esos trabajos, mediante los cuales se logrará el respeto mutuo entre la verdad de la fe y la ciencia. De esta manera se abrirá una puerta para nuevas realizaciones en colaboración..."

¡Bien venido sea el deseo de paz aunque haya tardado más de trescientos cuarenta años en reconocerse! No obstante, a pesar de millares de libros, o de esos niños que en todo el mundo ya contaban con telescopios que les estaban permitiendo dar la razón a Galileo, fue necesario crear una comisión de expertos.

181

Cosas del protocolo vaticanista. El Papa decide, los cardenales escuchan, los obispos ordenan y los funcionarios comienzan a ponerse en movimiento. Una maquinaria tan compleja necesita que todos sus engranajes entren en funcionamiento sucesivamente. Cierto que nos estamos refiriendo a un ingenio que desconoce la electricidad y que pocas veces aceita sus engranajes, ya que más bien es un paquidermo automatizado que posee sus propios y exclusivos movimientos.

Dos años más tarde, el 3 de julio de 1981, se creó una Comisión Pontificia para investigar en profundidad el caso de Galileo. Sus componentes eran teólogos y científicos. Conviene que nos hagamos una clara idea del caso: ninguno de ellos se dedicó al tema en exclusiva, sino que lo trató mientras resolvía sus tareas cotidianas. La Iglesia no conoce las prisas. Sólo se exigía un trabajo concienzudo, en el que no se apreciara ninguna fisura.

Muy despacio fueron apareciendo en distintos medios de información la opinión de estos "jueces imparciales". Todos ellos se mostraban partidarios, ¡cómo no!, de la rehabilitación de Galileo.

Las conclusiones definitivas

Once años necesitaron los jueces para dictar veredicto u ofrecer sus opiniones. El 31 de octubre de 1992, el cardenal Paul Poupard presentó al Papa un resumen del estudio realizado por la Comisión Pontificia.

Intentar explicar este estudio en pocas líneas nos parece un esfuerzo inútil, de ahí que prefiramos ofrecer nuestra opinión. Los responsables del mismo eran hombres de una media de edad de cincuenta años, todos ellos políticos, en el sentido de que habían vivido muchos conflictos, y contaban con unos cargos muy importantes.

Analizaron el problema situándose en el pasado: el escaso avance que se había producido en el campo de la astronomía, la imposibilidad de Galileo para demostrar con la mayor rotundidad que sus teorías y las de Copérnico eran las exactas... Resumiendo, sólo se podía reprochar al cardenal Bellarmino, al Papa Urbano VIII y a los demás responsables del juicio que hubieran causado tanto sufrimiento a un inocente. Porque los errores, en su valoración científica, sólo se pudieron reconocer un siglo más tarde.

¡Y con esto se conformaron!

Juan Pablo II apoyó la rehabilitación de Galileo, con lo que reconoció el error de la Iglesia.

¿Dónde quedaban las amenazas del inquisidor de torturar a Galileo con los medios más crueles que mente humana pueda ingeniar? ¿Cómo se había olvidado que si la víctima hubiera sido amiga de los jesuitas, lo que un amigo le comentó, nunca se hubiera visto sometido a tantas vejaciones?

Lo suyo hubiera sido, como aconsejaban algunos teólogos independientes, que se repitiera el juicio. ¿No lo hacen los jueces criminalistas al reconstruir la escena del delito?

Bueno, a fuerza de ser conformistas, tendremos que afirmar aquello de "menos da una piedra". Además, a la Iglesia le quedaba andar otro paso.

El discurso de Juan Pablo II

En su libro "Galileo. El desafío de la verdad" Michael Sharratt plantea el último paso de la rehabilitación del genio de Pisa de la siguiente manera:

"... El Papa Juan Pablo II señala que los avances científicos pueden dar motivos a los teólogos para introducir modificaciones en sus enseñanzas y, por tanto, no podemos excluir la posibilidad de que esos cambios ayuden a dar una nueva forma a las enseñanzas oficiales de las autoridades de la Iglesia.

A continuación, el Papa describe la forma en que, desde el Siglo de las Luces, el caso Galileo se ha ido convirtiendo en una especie de 'mito': el mito del oscurantismo dogmático enfrentado a la libre búsqueda de la verdad. 'Se ha interpretado lo que *fue una mutua y trágica falta de comprensión* como el reflejo de la oposición fundamental entre la ciencia y la fe.' Este triste malentendido pertenece ahora al pasado. A Galileo se le recuerda para elogiarle como el 'físico brillante' que 'prácticamente inventó el método experimental'. El lacónico comentario del Papa acerca de que, en realidad, la Biblia no se refiere a los detalles del mundo físico reproduce el pensamiento de Galileo, del cual también se hace eco el siguiente párrafo:

'Existen dos reinos del conocimiento, uno cuya fuente es la Revelación y otro puede descubrir la razón por sus propios

184

medios. Al último pertenecen, en especial, las ciencias experimentales y la filosofía. La distinción entre estos dos reinos del conocimiento no se debe entender como una posición. Los dos reinos no son por completo extraños entre sí, sino que tienen puntos de contacto.'

El Papa dedica el resto del discurso a describir la forma en que la Academia Pontificia promociona el avance del conocimiento respetando la legítima libertad de la ciencia.

'Lo importante de una teoría científica o filosófica es, sobre todo, que sea verdadera o, por lo menos, que tenga sólidas bases. Y *el objetivo de vuestra Academia es* precisamente *discernir y hacer saber*, en el estado actual de la ciencia y dentro de los límites adecuados, *qué es lo que se puede considerar una verdad adquirida* o, por lo menos, si disfruta de tal grado de probabilidad que sería imprudente o poco razonable rechazarla. De esta manera se evitarán conflictos innecesarios.'

Después de algunas reflexiones más sobre las relaciones que deben existir entre la ciencia y la fe, el Papa inicia su agradecimiento final diciendo:

'La inteligibilidad de la que dan testimonio los maravillosos descubrimientos de la ciencia y la tecnología nos lleva, en un último análisis, a ese trascendente y primordial pensamiento que se encuentra impreso en todas las cosas'."

Sharratt se muestra muy amable con esta rehabilitación, lo que nosotros respetamos. Pero ante ella nos queda una gran frustración, nos sabe a poco. Sin importarnos pecar de vulgares diremos: se le dieron unas migajas a quien se merecía un banquete interminable. Claro, que "con la Iglesia hemos topado, Sancho", como decía el Quijote.

A manera de una invitación personal

Al menos ha reconocido la Iglesia que cometió un error. Pero nosotros sabemos que Galileo es un ser humano universal, eterno. ¿Por dónde irá ahora la "sonda Galileo" que la NASA lanzó para explorar el universo?

Un telescopio muy inferior al que cualquiera de nosotros regala hoy día a sus hijos sirvió para que aquel coloso de la ciencia descubriera la verdad. Demostraría que las teorías de Copérnico, basadas en la deducción, eran ciertas. Pero también abrió muchos senderos a la ciencia experimental.

Como sabemos que usted siente deseos de conocer más sobre la vida del genio de Pisa, le invitamos a consultar la Bibliografía de la página 187. Puede considerarlo como una manera de profundizar en una materia apasionante: las fronteras de la mente no tienen límite... ¡A pesar de que la materia física que la envuelve muestre, ante el dolor y el miedo a la muerte, las debilidades propias de un ser humano!

Dado que no queremos dejar un sabor negativo en su paladar, volveremos a recordar la grandeza de un hombre que fue amado por una mujer a pesar de estar ciego y contar más de setenta años. Porque le oyó hablar, vio lo que estaba realizando y comprendió, sobre todo, que se hallaba ante un ser excepcional. Un ser humano sin edad, libre de todas las enfermedades, con la vista más poderosa del mundo. ¡Así lo demuestra la colosal obra que realizó!

BIBLIOGRAFÍA

Banfi, Antonio: *Vida de Galileo Galilei*

Beltrán, Antonio: *Galileo*

Bernhard Hasler, August: *Cómo llegó el Papa a ser infalible*

Boissonnet, Philippe: *Galileo y otras incertidumbres*

Brandmüller, Walter: *Galileo y la Iglesia*

Brecht, Bertolt: *Vida de Galileo*

Brodrick, James: *Galileo*

Cheraqui, Yves: *Yo, Galileo*

Comella Gutiérrez, Beatriz: *¿Tenía razón Galileo?*

Cortés Pla: *Galileo Galilei*

Crombie, A. C: *Historia de la ciencia de San Agustín a Galileo* (2 volúmenes)

Galilei, Galileo: *Diálogo sobre los sistemas máximos*

Galilei, Galileo: *Consideraciones y demostraciones matemáticas sobre dos nuevas ciencias*

Galilei, Galileo: *El mensajero de los astros*

Galilei, Galileo: *El Ensayador*

Geymonat, Ludovico: *Galileo Galilei*

Koyre, A.: *Estudios galileanos*

Lacosta, Máximo: *La verdad a la hoguera*

López Rupérez, Francisco: *Galileo, hombre de ciencia*

Maury, Jean Pierre: *Galileo, mensajero de las estrellas*

Mondolfo, R.: *Figuras e ideas de la filosofía del Renacimiento*

Navarro, Víctor: *Galileo*

Ortega y Gasset, José: *En torno a Galileo*

Pardo, Jesús: *Galileo*

Pardo de Santayana, Pedro: *Galileo Galilei*

Redondi, Pietro: *Galileo herético*

Reston, Jr., James: *Galileo. El genio y el hombre*

Sharratt, Michael: *Galileo. El desafío de la verdad*

Yoldi, José Antonio: *El caso Galileo*

ÍNDICE

189

191

192